ANDREAS, JULIA UND ANNIKA PECH

Unsere Lieblingsorte

Kérkyra (Korfu-Stadt) [S. 14 u. 144]

Die faszinierende Inselmetropole gilt zu Recht als eine der schönsten Städte Griechenlands. Flankiert von zwei Festungen, glänzt die historische Altstadt mit einer Vielzahl an Sehenswürdigkeiten, die es zu entdecken gilt. Vergangenheit und Gegenwart begegnen sich allerorten und die Magie von Kérkyra berührt alle Sinne (s. S. 13).

001ko-ap

34 Paleó Períthia [E2]

Der Geist der venezianischen Zeit ist in dem alten Bergdorf nach wie vor spürbar. Verfallene Bauern- und Herrenhäuser vermitteln einen Eindruck von der damaligen Lebensweise. Atmosphäre, Stille und Natur lässt man am besten zu früher Stunde oder am späten Nachmittag auf sich wirken, wenn gerade keine Touristenscharen den als Museumsdorf gepriesenen Ort aufsuchen (s. S. 47).

002ko-ap

Kap Drástis [B1] 39

Das Postkartenmotiv schlechthin: Der Blick auf die Traumbucht an der Nordwestspitze der Insel ist einfach beeindruckend. Nach einem Spaziergang zum Kap spricht nichts gegen eine Pause auf den Sandsteinfelsen und ein kühlendes Bad im Ionischen Meer (s. S. 53).

003ko-ap

43 Afiónas [A3]

Hoch oben auf einer Landzunge gelegen, bieten sich von dem malerischen Ort grandiose Ausblicke auf die vorgelagerten Inseln und die Bucht von Ágios Geórgios Págon 44. Abends bewundert man entweder den spektakulären Sonnenuntergang beim Blick gen Westen oder aber man genießt die Sicht auf die in das Abendlicht getauchte Bucht im Osten (s. S. 55).

080ko-ap

Insel|Trip

Liebe Grüße ...

... vom Wochenmarkt in Kérkyra
Als Liebhaber südländischer Märkte kommt man auf dem Wochenmarkt in Korfu-Stadt in jedem Fall auf seine Kosten. Nach Begutachtung der angepriesenen Waren verweilt man in einem der Marktcafés, beobachtet das bunte Treiben an den Ständen und erfreut sich in aller Ruhe an dem besonderen Flair (s. S. 34).

... von der Kirchweih
Griechen feiern gerne und viel – Korfu macht da keine Ausnahme. Das ganze Jahr über finden in den Dörfern Kirchweihfeste statt. Bei Musik, Tanz und rustikalen Grillspezialitäten feiert man bis spät in die Nacht. Urlauber sind stets gern gesehene Gäste und sollten sich die Festatmosphäre mitten unter Einheimischen nicht entgehen lassen (s. S. 98).

... aus der Unterwelt
Der Abstieg in die bei Loútses gelegene Höhle ist ein kleines Abenteuer und wird vom Schreien der Krähen begleitet, die in den Öffnungen der steilen Felswände nisten. In der Tiefe angekommen, erlebt man eine verwunschene Atmosphäre und eine bemerkenswerte Akustik – so ähnlich muss sich Orpheus in der Unterwelt gefühlt haben (s. S. 41).

... vom Balkon der Ionischen Inseln
Über das kleine Dorf Kríni erreicht man die Ruine der byzantinischen Festung Angelókastro ❹❺. Auf steilen Felsen thronend, eröffnet sich ein einzigartiger Panoramablick auf die Bucht von Paleokastrítsa ❹❽ und das Ionische Meer (s. S. 60).

Korfu

„So schön war alles, dass es schon unnatürlich war, abends dufteten die Ölbäume so stark, und die untergehende Sonne verlieh ihnen einen Heiligenschein wie goldene Rosen. [...] Die Hänge sind mit goldenen Blumen überzogen und gegenüber die noch mit Schnee bedeckten albanischen Berge, die, zuerst rosafarben, langsam in Rubinfeuer aufflammen, über alledem ein betäubender Duft [...]", so schrieb Kaiserin Elisabeth, besser bekannt als Sisi, 1895 in einem Brief an ihre Tochter Valerie. Schöner lässt sich Korfu kaum beschreiben. In Erwartung der Blütenpracht zieht es uns regelmäßig im Frühjahr auf die Insel, um die von Wildblumen übersäten Olivenhaine zu erleben. Zu dieser Jahreszeit ist Korfu ein Eldorado für Wanderfreunde und Naturliebhaber.

Die Insel steckt voller Kontraste: herrliche Strände, romantische Buchten, abgelegene Bergdörfer oder lebhafte Touristenzentren. Korfu lässt dem Besucher die Qual der Wahl und besticht durch unerschöpfliche Vielfalt. Morgens ein Bad im kristallklaren Wasser, gefolgt von einem Bummel durch die Gassen der historischen Altstadt von Kérkyra, als kulinarischer Abschluss eine köstliche Mahlzeit in einer Fischtaverne, um, begleitet vom Plätschern des Meeres, die Gastfreundschaft der Korfioten zu genießen – so könnte der perfekte Tag aussehen. Sie möchten mehr erleben? Auf Touren die landschaftlichen Schönheiten der Insel entdecken? Partymeilen und das Nachtleben erkunden? Traditionelle und urige Tavernen besuchen? Kein Problem – lernen Sie unsere zweite Heimat mit all ihren Facetten kennen und lieben!

Die Autoren

Andreas Pech besuchte Korfu erstmals 1988. Die Faszination der Insel und die Gastfreundlichkeit der Bewohner lassen ihn seither nicht mehr los und so verbringt er jedes Jahr einige Wochen dort. Eindrücke der Aufenthalte schildert er seit 1998 auf der Website www.corfu.de, wo er auch unzählige Fotos präsentiert. Viele Artikel und Informationen wurden dort veröffentlicht, mittlerweile gehört das Webangebot zu einer der beliebtesten Plattformen über Korfu im deutschsprachigen Raum. Eindrücke und Erfahrungen aus vielen Touren werden jährlich von den Autoren ergänzt und fließen auch in diesen Reiseführer ein.

Julia Pech studierte Germanistik und Philosophie auf Lehramt und schloss 2017 mit dem zweiten Staatsexamen ab. **Annika Pech** studierte Theater-, Film- und Medienwissenschaft und erlangte 2016 ihren Bachelor of Arts. Die Begeisterung der beiden für die Insel nahm ihren Anfang bereits in Kindertagen. Mit den Jahren wurde Korfu zu einer Art zweiten Heimat und ein jährlicher Besuch ist ein Muss.

INSEL|TRIP
Korfu

Inhalt

1	Unsere Lieblingsorte
2	Liebe Grüße …
3	Die Autoren
8	Benutzungshinweise

9 Korfu entdecken

10	Korfu im Überblick
11	*Inselsteckbrief*

13 Inselhauptstadt Kérkyra (Korfu-Stadt)

16	❶ Alte Festung (Paleó Froúrio) ★★★ [S. 144]
17	*Ein Deutscher auf Korfu: Reichsgraf von der Schulenburg*
17	❷ Esplanáda und Listón ★★★ [S. 144]
18	❸ Palast St. Michael und St. George ★★ [S. 144]
19	❹ Rathausplatz (Platía Dimarchíou) ★★ [S. 144]
20	❺ Altstadtviertel Kambiéllo ★★ [S. 144]
21	❻ Museum Casa Parlante ★★ [S. 144]
22	*Kostas Georgakis – ein Zeichen für die Demokratie*
22	❼ Philharmonisches Museum ★ [S. 144]
23	*Korfu und seine Philharmonien*
23	❽ Banknotenmuseum ★ [S. 144]
24	❾ Kirche Ágios Spirídon (Ekklisía Ágios Spirídon) ★★ [S. 144]
24	❿ Corfu Reading Society ★ [S. 144]
25	*Ágios Spirídon – Schutzpatron der Insel*
25	⓫ Byzantinisches Museum Antivouniótissa ★★ [S. 144]
26	*Das Schicksal der jüdischen Korfioten*
26	⓬ Solomós-Museum ★ [S. 144]
27	⓭ Neue Festung (Néo Froúrio) ★★ [S. 144]
27	⓮ Archäologisches Museum ★ [S. 14]
27	⓯ Britischer Friedhof (British Cemetery) ★★ [S. 14]
28	⓰ Kirche Ágios Jáson und Ágios Sossípatros ★ [S. 14]
28	⓱ Paleópolis ★ [E5]

Zeichenerklärung

★★★ nicht verpassen
★★ besonders sehenswert
★ wichtig für speziell interessierte Besucher

[A1] Planquadrat im Kartenmaterial. Orte ohne diese Angabe liegen außerhalb unserer Karten. Ihre Lage kann aber wie von allen Ortsmarken mithilfe der begleitenden Web-App angezeigt werden (s. S. 144).

Updates zum Buch
www.reise-know-how.de/
inseltrip/korfu19

◁ *Romantik am frühen Morgen: Fischer im Hafen von Kassiópi* ㉕ *(074ko-ap)*

29	⑱ Schloss und Park Mon Repos ★★ [F5]	
30	⑲ Kanóni ★★★ [E6]	

Der Nordosten: Region Óros
- 35
- 35 ⑳ Róda ★ [C2]
- 36 ㉑ Acharávi ★★★ [D2]
- 36 ㉒ Volkskundemuseum Acharávi ★ [D2]
- 38 *Eine Tagestour zum Pantokrátor*
- 40 ㉓ Ágios Spirídon ★★ [E1]
- 40 ㉔ Néa Políthia ★ [E1]
- 41 ㉕ Kassiópi ★★ [F2]
- 43 ㉖ Ágios Stéfanos Siniés ★★ [F2]
- 44 *Lawrence und Gerald Durrell*
- 44 ㉗ Kalámi ★★ [F3]
- 44 ㉘ Kouloúra ★★ [F3]
- 45 ㉙ Agní ★★ [F3]
- 45 ㉚ Nissáki ★ [E3]
- 45 ㉛ Barbáti ★ [E3]
- 46 ㉜ Spartílas ★★ [D3]
- 46 ㉝ Strinílas ★★ [D3]
- 47 ㉞ Paleó Políthia ★★★ [E2]
- 48 ㉟ Nímfes ★★ [C2]
- 49 ㊱ Kloster Askitarió ★ [C2]

Der Nordwesten: Region Gýros
- 49
- 49 ㊲ Karousádes und Astrakerí ★ [C2]
- 50 *Tagestour mit dem Auto: landschaftliche Highlights in der Region Gýros*
- 51 ㊳ Sidári ★★ [B2]
- 52 *Bootsfahrt zur Diapontischen Insel Erikoúsa*
- 53 ㊴ Kap Drástis ★★★ [B1]
- 54 ㊵ Perouládes ★★ [B2]
- 54 ㊶ Ágios Stéfanos Avliotón ★ [A2]
- 55 ㊷ Aríllas ★★ [A2]
- 55 ㊸ Afiónas ★★★ [A3]
- 56 *Die Erfolgsgeschichte der Brauerei Corfu Beer*
- 58 ㊹ Ágios Geórgios Págon ★★ [B3]
- 59 ㊺ Makrádes ★ [B4]
- 60 ㊻ Burgruine Angelókastro ★★★ [B4]
- 60 ㊼ Lákones ★ [B4]
- 61 ㊽ Paleokastrítsa ★★ [B4]
- 62 ㊾ Kloster Paleokastrítsa ★★★ [B4]
- 63 ㊿ Liapádes ★★ [C4]
- 63 51 Doukádes ★★ [C4]

Die Mitte: Region Mésis
- 63
- 64 52 Ípsos und Pirgí ★ [D3]
- 64 53 Áno Korakiána ★ [C3]
- 64 54 Káto Korakiána ★ [D4]

65	55 Dassiá ★ [D4]	
65	56 Halbinsel Komméno ★ [D4]	
65	57 Kirche Ipapantí ★ [D4]	
66	58 Gouviá ★ [D4]	
66	59 Kontókali ★ [D4]	
67	60 Museum Kapodístrias ★ [D5]	
68	61 Ágios Ioánnis ★ [D5]	
69	62 Achilleion ★★★ [E6]	
72	63 Benítses ★ [E7]	
73	64 Ágii Déka ★★ [E6]	
73	65 Moraítika und Messonghí ★★ [F8]	
74	66 Burg Gardíki ★ [E8]	
75	67 Ágios Matthéos ★★ [E8]	
75	68 Paramónas ★★ [D7]	
76	69 Ágios Górdis ★★ [D6]	
77	70 Sinarádes mit Folklore-Museum ★★ [D6]	
77	71 Pélekas ★★ [D6]	
79	72 Glifáda ★ [D6]	
79	73 Mirtiótissa mit Kloster Panagía Mirtiótissa ★★ [D5]	
80	74 Vátos und Érmones ★ [C5]	

81 Der Süden: Region Lefkími

81	75 Ágios Geórgios Argirádon ★★ [F9]
83	76 Chlomós ★★★ [F8]
83	77 Boúkari ★ [F8]
84	78 Petrití ★★ [G8]
85	79 Sandstrände um Perivóli ★★ [G9]
86	80 Lefkími ★★ [H9]

87 Korfu aktiv

88	Baden	114	*Stechmücken auf Korfu –*
89	Wassersport		*wen juckts?*
91	Wandern	115	Von den Anfängen
95	Weitere Aktivitäten		bis zur Gegenwart

97 Korfu erleben   119 Praktische Reisetipps

98	Feste und Folklore	120	An- und Rückreise
100	*Besonders eindrucksvoll:*	121	Autofahren
	Ostern auf Korfu	122	Barrierefreies Reisen
101	Korfu kulinarisch	122	Diplomatische Vertretungen
103	*Sofríto-Rezept:*	122	Hygiene
	Genuss für Knoblauchfans	122	Geldfragen
106	Was wo kaufen?	*123*	*Korfu preiswert*
108	Natur erleben	123	Informationsquellen
112	*Lauern auf Korfu*	*124*	*Unsere Literaturtipps*
	„tierische Gefahren"?	125	Internet

125	Medizinische Versorgung	132	Verhaltenstipps
125	Mit Kindern unterwegs	133	Verkehrsmittel
128	Notfälle	134	Wetter und Reisezeit
128	*Infos für LGBT+*		
128	Öffnungszeiten	**135**	**Anhang**
128	Post		
129	Sicherheit	136	Kleine Sprachhilfe
129	Sprache	139	Register
129	Touren	143	Schreiben Sie uns
131	Telefonieren	143	Impressum
131	Uhrzeit	*144*	*Korfu mit PC, Smartphone & Co.*
131	Unterkunft	144	Zeichenerklärung

Benutzungshinweise

Orientierungssystem

Die in den folgenden Kapiteln beschriebenen Attraktionen sind mit einer **fortlaufenden magentafarbenen Nummer** gekennzeichnet, die sich als Ortsmarke im Faltplan wiederfindet. Steht die Nummer im Fließtext, verweist sie auf die Beschreibung dieser Attraktion.

Die Angabe in **eckigen Klammern** verweist auf das Planquadrat im Faltplan oder auf den Ortsplan. Zwei Beispiele:

❼ Philharmonisches Museum ★ [S. 144]
㉕ Kassiópi ★ ★ [F2]

Alle weiteren Points of Interest wie Unterkünfte, Restaurants oder Cafés sind mit einer Nummer in **spitzen Klammern** versehen. Anhand dieser eindeutigen Nummer können die Orte in unserer speziell aufbereiteten Web-App unter www.reise-know-how.de/inseltrip/korfu19 lokalisiert werden (s. S. 144). Beispiel:

› **Taverna Bar George** €€€ <030>

Beginnen die Points of Interest mit einem **farbigen Quadrat**, dann sind sie zusätzlich in den Ortsplänen eingezeichnet:

■ **Hermes Hotel** € <003>

Preiskategorien

Gastronomie

Preise für ein Hauptgericht mit Getränk:

€	bis 15 €
€€	15–25 €
€€€	25–50 €
€€€€	über 50 €

Unterkünfte

Die Preise gelten für ein Doppelzimmer pro Nacht ohne Frühstück bzw. für eine Ferienwohnung für zwei Personen pro Nacht.

€	bis 45 €
€€	45–90 €
€€€	90–130 €
€€€€	über 130 €

Vorwahlen

› **Griechenland:** 0030
› **Deutschland:** 0049
› **Österreich:** 0043
› **Schweiz:** 0041

Aussprache

Die Betonung der deutschen Umschrift des Griechischen ist im Buch mit Akzenten angegeben. Auf der Karte entfallen diese.

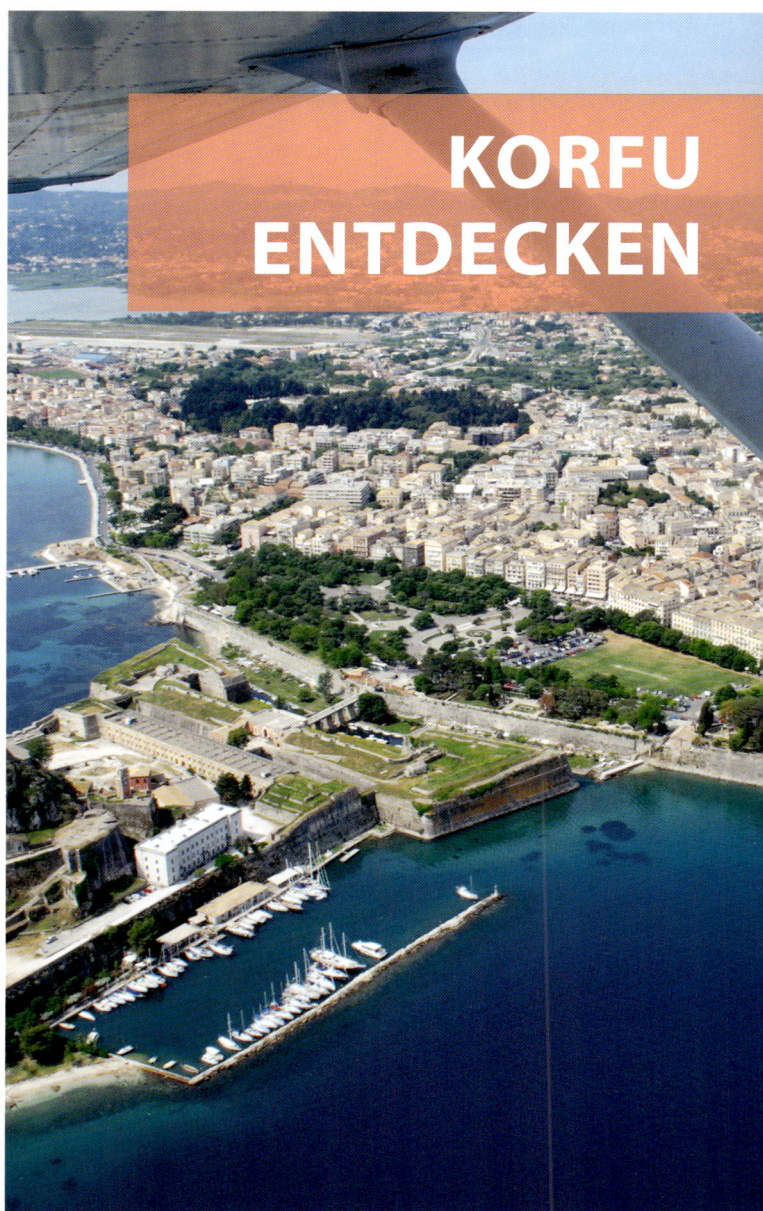

KORFU ENTDECKEN

Korfu im Überblick

Schon beim Landeanflug offenbart sich die landschaftliche Schönheit der Insel: Etwa vier Millionen Olivenbäume kleiden Korfu in einen grünen Mantel und selbst im Hochsommer lassen die klimatischen Bedingungen das Eiland nicht karg erscheinen. Unzählige Strände und malerische Buchten bieten beste Voraussetzungen für einen unbeschwerten Badeurlaub. Abseits der Strände laden landschaftliche Highlights zu ausgiebigen Inseltouren ein und die faszinierende Inselhauptstadt lohnt mehr als nur einen Besuch.

Wohin auf Korfu?

Die geografische Einteilung der Insel in die Regionen **Óros** im Nordosten, **Gýros** im Nordwesten, **Mésis** in der Mitte und **Lefkími** im Süden geht auf das 13. Jh. zurück. Diese Aufteilung wird heute nur noch von den Einheimischen genutzt, eignet sich aber bestens, um den Charakter der Insel zu beschreiben.

Ein Kriterium bei der Auswahl des Urlaubsortes ist für viele Urlauber die **Nähe zum Strand** und dessen Beschaffenheit (Details s. Abschnitt „Baden" auf S. 88). Bei einer Küstenlinie von knapp 220 km und einer großen Auswahl an schönen Stränden hat man hier die Qual der Wahl.

◁ *Vorseite: Die Inselhauptstadt Kérkyra aus der Vogelperspektive*

Korfus Nordosten

Die Orte entlang der Küstenlinie umgeben das beeindruckende **Pantokratormassiv** in der **Region Óros** (s. S. 35) von **Barbáti ㉛** an der Ostküste bis nach **Róda ⑳** im Norden. Die Küstenorte bieten allesamt eine **gute touristische Infrastruktur.** Während sich im Osten vornehmlich recht schmale Kiesstrände finden, geht die Beschaffenheit der Strände weiter nördlich in ein Sand-Kies-Gemisch über – hier prägen **malerische Badebuchten** wie z. B. im belebten Urlaubszentrum **Kassiópi ㉕** das Landschaftsbild. Freunde langer Strände finden in den beliebten Ferienorten **Acharávi ㉑** und Róda ihr Refugium. Hat man genug vom Strand, begibt man sich in das Landesinnere. Hier trifft man auf **ursprüngliche Orte und Weiler** wie **Strinílas ㉝** oder **Nímfes ㉟** und findet beste Voraussetzungen für eindrucksvolle Wanderungen.

Korfus Nordwesten

Ausgeprägte **Touristenzentren** wie **Sidári ㊳** im Norden der **Region Gýros** (s. S. 49) wechseln sich ab mit **verträumten Buchten.** Sehenswerte Landschaften und Vorzeigebuchten warten im südlichen Teil der Region. Die westliche Küste hat **lange Sandstrände** vorzuweisen, etwa in **Ágios Stéfanos Avliotón ㊶**, **Aríllas ㊷** oder **Ágios Geórgios Págon ㊸**. Die Urlaubsangebote in letztgenannter Bucht sind bei deutschen Gästen sehr beliebt, hier kommen **Wassersportler** auf ihre Kosten (s. S. 89). Schnorchler finden rund um die **Zwillingsbucht Pórto Timóni** unterhalb des Ortes **Afiónas ㊸** ideales Terrain, Taucher erfreuen sich am attraktiven Tauchgebiet rund um die Bucht von **Paleokastrítsa ㊽**.

Korfu im Überblick

Inselsteckbrief

› **Lage:** Korfu liegt im Mittelmeer gegenüber der südlichen Spitze Italiens. Sie ist die nördlichste und zweitgrößte der Ionischen Inseln und die westlichste Insel Griechenlands. Durch eine schmale Meerenge ist Korfu vom griechischen und albanischen Festland getrennt.

› **Fläche, Länge und Breite:** 593 km², etwa 62 km lang und bis zu 28 km breit

› **Einwohnerzahl:** ca. 114.000 Einwohner, davon ca. 40.000 in der Hauptstadt Kérkyra (Korfu-Stadt)

› **Höchste Erhebung:** Pantokrátor im Norden der Insel, ca. 906 m

› **Religion:** 90 % der griechischen Bevölkerung sind griechisch-orthodox. Der Schutzpatron der Insel ist St. Spiridon (s. S. 25), dessen Gebeine in Kérkyra aufbewahrt sind und zu dessen Ehren Prozessionen abgehalten werden.

› **Verwaltung:** Der Regionalbezirk Korfu umfasst die Insel Korfu, die nordwestlich gelegenen Diapontischen Inseln und die Inselgruppe Paxos (Paxos und Antípaxos), zu denen jeweils auch kleine Eilande und Felsriffe gehören. Verwaltungssitz ist Kérkyra.

› **Wirtschaft und Tourismus:** Korfu ist wirtschaftliches Zentrum der Inselgruppe. Im Laufe der letzten 40 Jahre entwickelte sich der Tourismus zur Haupteinnahmequelle, sodass die Landwirtschaft in den Hintergrund trat.

› **Namensgebung:** Eine Insel – viele Namen. In den Epen von Homer taucht der Name Scheria auf. Die Liste der Namensgebungen lässt sich mit Drepane (Sichel), Phäakia (Insel der Phäaken) oder Gorgyra (Nymphe und Tochter des Flussgottes Asopos) erweitern. Der heutige Name ist wohl auf die befestigten Hügel der mittelalterlichen Stadt zurückzuführen (koryphe, griech. „Gipfel").

Korfus Mitte

Die **Region Mésis** (s. S. 63) ist das Bindeglied zwischen Nord- und Südkorfu. Vom belebten Ferienort **Ípsos** 52 im Norden bis **Moraítika** und **Messonghí** 65 im Süden des Gebiets zieht sich die Straße an der Ostküste vorbei an touristisch erschlossenen Orten wie **Dassiá** 55, **Gouviá** 58 und **Benítses** 63. Viele Großhotels, meist direkt am Meer gelegen, warten auf internationales Publikum. Für die Gäste wurden oft **Liegewiesen** geschaffen, da die Strände eher schmal sind und häufig aus Kieselsteinen bestehen. In den geschützten Buchten finden **Wasserskifahrer** bei ruhiger See beste Voraussetzungen.

In der Mitte der Ostküste liegt die **Inselhauptstadt Kérkyra**, auch bekannt als **Korfu-Stadt** (s. S. 13). Begibt man sich über die von Landwirtschaft geprägte **Rópa-Ebene** an die Westküste, präsentiert sich Korfu von einer anderen Seite. Hier findet man ausgesprochen **romantische Küstenabschnitte** und einige der landschaftlich am schönsten gelegenen **Strände** der Insel wie beispielsweise Mirtiotissa Beach und Pelekas Beach (Kontogialós).

KURZ & KNAPP

Religion in Griechenland

90 % der griechischen Bevölkerung bekennen sich zum **griechisch-orthodoxen Glauben**. Religion ist ein wichtiger Bestandteil des Alltags. Als Urlauber erkennt man dies an den vielen Kirchen und Kapellen, deren Anzahl auf Korfu über 100 beträgt. Überall auf der Insel sieht man Priester in dunklen Gewändern am täglichen Leben teilnehmen. Orthodoxe Priester dürfen verheiratet sein, sofern die Heirat vor der Weihe zum Diakon stattgefunden hat.

Der griechische Staat kennt **keine Kirchensteuer** und so fällt das staatliche Einkommen der Priester recht dürftig aus. Um die Familie ernähren zu können, ist man auf Spenden und Gebühren bei Hochzeiten und Taufen angewiesen.

Die **Gottesdienste** sind nicht wie hierzulande an einen festen Zeitrahmen gebunden, sondern dauern oft mehrere Stunden. Kaum ein Teilnehmer bleibt allerdings von Anfang bis zum Ende. Haben die Gläubigen die Kirche jedoch betreten, wird meist auch das Ende des Gottesdienstes abgewartet.

Aus Respekt vor den Gläubigen sollte man **Besichtigungen** der Kirchen während der Gottesdienste unterlassen. Wichtig ist zudem **angemessene Kleidung**, d. h. keine Shorts und schulterfreien Oberteile.

Ágios und Agía: heilige Ortsnamen

Allgegenwärtig sind auf der Insel die griechischen Wörter Ágios und Agía, meist als **Namenszusätze von Orten oder Kirchen**. Ágios bedeutet Heiliger, Agía ist die weibliche Form. So bedeutet z. B. der Ortsname Ágios Geórgios „Heiliger Georg".

Korfus Süden

Die **Region Lefkími** (s. S. 81) bildet den südlichen Teil Korfus. Namensgebend ist **Lefkími** ⑳, die zweitgrößte Stadt der Insel. **Beschauliche Orte** wie Boúkari ⑰ oder Petrití ⑱ an der Ostküste mit ihren weithin beliebten Fischtavernen und die wunderbare Landschaft rund um die **Lagune Korissíon** (s. S. 81) prägen dieses Gebiet. **Kilometerlange Sandstrände** im Westen, beginnend bei der erwähnten Lagune über **Ágios Geórgios Argirádon** ⑮ und den herrlichen **Gardenos Beach** [G10] bei Vitaládes, machen die Region für Urlauber reizvoll.

Wie die Insel erkunden?

Um die Schönheit Korfus individuell und unabhängig zu erkunden, empfiehlt sich auf jeden Fall ein **Mietwagen** (Details s. Autofahren auf S. 121). Auch ein Motorroller oder Quad lässt sich mieten. Wachsender Beliebtheit erfreut sich zudem die Inselentdeckung per **Fahrrad** (s. S. 95). Das **Busnetz** (s. S. 133) ist gut ausgebaut und eignet sich besonders für preisbewusste Reisende. Fast alle Verbindungen führen über Korfu-Stadt. Die blau-weißen Busse bedienen die nahe Umgebung der Inselhauptstadt, die grünen Busse verkehren auf der gesamten Insel. **Taxis** (s. S. 134) sind relativ teuer und eignen sich daher nur bedingt für die Inselerkundung – für die Fahrt vom Flughafen zum Hotel sind sie aber dennoch praktisch.

▷ *Wer die Alte Festung ❶ erklimmt, genießt diesen wunderbaren Blick über Korfu-Stadt*

Inselhauptstadt Kérkyra (Korfu-Stadt)

Κέρκυρα

Kérkyra ist zweifellos eine der schönsten Inselmetropolen des Mittelmeers. Die historische Altstadt zählt zum Weltkulturerbe, birgt unzählige Sehenswürdigkeiten und ist aufgrund ihrer Geschichte einzigartig in Griechenland. Die Stadt hat Flair, steckt voller Gegensätze und verbindet Vergangenheit und Gegenwart miteinander.

Korfu-Stadt liegt in der Mitte der Ostküste und wird flankiert von **zwei imposanten Festungen** (❶ und ⓭), die türkischen Eroberern erfolgreich Widerstand boten. Von der über 400 Jahre dauernden **venezianischen Herrschaft** (1386–1797) und der daraus hervorgegangenen kulturellen Blüte zeugen die aristokratisch anmutenden Wohnhäuser, die oft viergeschossig gebaut wurden und die engen Gassen der Altstadt begrenzen. Gelegentlich fühlt man sich in eine italienische Hafenstadt versetzt, die zum Trocknen aufgehängte Wäsche zwischen den mehrstöckigen Häusern verstärkt diesen Eindruck noch.

Dreh- und Angelpunkt für Einheimische und Besucher ist die zwischen Alter Festung und Altstadt gelegene **Esplanáda** ❷. Ursprünglich unter britischer Herrschaft als Exerzierplatz genutzt, dient der weitläufige Platz heute als Park. Sehen und gesehen werden, lautet die Devise auf der Flaniermeile. Der Gebäudekomplex des **Listón** mit den Arkaden im Erdgeschoss ist den Franzosen zu verdanken. Die große **Kricketwiese**, die vor den Arkaden des Listón endet, dürfte in Griechenland einmalig sein und geht auf den Einfluss des britischen

Inselhauptstadt Kérkyra (Korfu-Stadt)

Protektorats zurück. Hinter Esplanáda und Listón erstrecken sich zahllose schmale Gassen – hier beginnt der **Kambiéllo** ❺, das älteste und wohl hübscheste Viertel der Altstadt.

Kérkyra ist heute eine **lebendige Metropole** mit einer reizvollen Mischung aus historischen Sehenswürdigkeiten und modernen Einrichtungen. Etwa zwei Millionen Besucher jährlich sorgen – besonders im Sommer – für entsprechend viel Trubel in den engen Gassen und Souvenirläden in der Altstadt. Viele **Kreuzfahrtschiffe** legen für einen Tag im **Neuen Hafen** an, um den Passagieren eine Stadtbesichtigung zu ermöglichen.

Um den größten Besucherscharen zu entgehen, hat sich eine Besichtigung an einem **Samstag** bewährt. In der Regel ist für die meisten Urlauber An- und Abreisetag und Kreuzfahrtschiffe legen meist unter der Woche an. Von einem Besuch an einem **Montag** ist **abzuraten**, da viele Korfioten an diesem Wochentag mit dem Auto in die Stadt fahren, um ihre bürokratischen Angelegenheiten bei den Ämtern zu regeln. Die Parkplatzsuche kann sich dann schwierig gestalten. Zudem sind die meisten Museen am Montag geschlossen.

Empfehlenswert ist ein **Besuch am Vormittag**, um die beiden Festungen zu besuchen und anschließend in das Gassenlabyrinth der Altstadt einzutauchen. Am späten Nachmittag empfiehlt sich ein Bummel über die Esplanáda, bevor man den **Abend** in einer der Tavernen (s. S. 32) bei korfiotischen Gerichten ausklingen lässt. Wer noch nicht genug hat, findet kleinere Klubs und Café-Bars in der Altstadt sowie einige angesagte Discos am Rande der Stadt (s. Nachtleben S. 34) – hier kann man die Nacht zum Tag machen.

■ **Übernachtung**
2 Atlantis Hotel
5 Bella Venezia Hotel

■ **Nachtleben**
1 54 Dreamy Nights

Inselhauptstadt Kérkyra (Korfu-Stadt) 15

Einkaufen/Sonstiges
3 Seifenmanufaktur Patounis
4 Tourist Police Department
6 Privatklinik Mastoras
7 Postamt Korfu-Stadt
8 Schweizerisches Honorarkonsulat

❶ Alte Festung (Paleó Froúrio) ★★★ [S. 144]

Παλαιό Φρούριο

Das imposante Bollwerk auf felsigen Hügeln befindet sich direkt gegenüber der Esplanáda ❷ und bietet eindrucksvolle Ausblicke über die Stadt.

Um in den Komplex der Alten Festung zu gelangen, überquert man zunächst den Meerwasserkanal **Contrafossa**. Der Kanal wurde bereits im 16. Jh. von den Venezianern ausgehoben und hatte den Zweck, die Festung zu sichern. Heute liegen dort Fischerboote vor Anker und am Wochenende findet bei den kleinen Hütten am Rande des Kanals so manches Grillfest statt.

Vor dem Eingang zur Festung steht das **Denkmal** des deutschen **Reichsgrafen von der Schulenburg** (s. S. 17) in seiner Legionärsuniform. Die **Festungsmauern** stammen aus der venezianischen Zeit (16. Jh). An manchen Stellen müssen sie bereits durch Stahlkonstruktionen gestützt werden. Die meisten Bauten innerhalb der Mauern wurden erst später unter britischer Herrschaft errichtet. Die **Kirche Ágios Geórgios** wurde ca. 1830 als Garnisonskirche der Engländer gebaut und gleicht eher einem Tempelbau im dorischen Stil als einer Kirche. Auf dem Vorplatz finden in der Hauptsaison oft **Konzerte** statt.

Ein Besuch auf dem höchsten Punkt der Festung ist wegen der **grandiosen Aussicht** Pflicht. Die besten Lichtverhältnisse, um Fotos vom Gipfel über die Stadt zu machen, hat man am frühen Morgen. Der noch niedrige Stand der Sonne im Rücken sorgt für die beste Belichtung, bei klarem Wetter genießt man einen unbeschreiblichen Blick weit über die Dächer der Stadt hinaus. Die Fassaden der mehrstöckigen neoklassizistischen Gebäude an der Esplanáda fungieren von hier aus als schönes Fotomotiv.

› auf der Halbinsel direkt gegenüber der Esplanáda, Tel. 2661048310, geöffnet: Mai–Okt. tgl. 8–20 Uhr, ab 20 Uhr kostenlos, aber dann kein Zugang mehr zum Gipfel, Eintritt: 6 €

Ein Deutscher auf Korfu: Reichsgraf von der Schulenburg

Matthias Johann Freiherr von der Schulenburg (1661–1747) war Deutscher im Dienste Venedigs und sollte Korfu vor dem Zugriff der Türken retten. Die Venezianer schickten die strategische Koryphäe mit 5000 Mann nach Korfu, als die Lage ernst wurde. Im Juli 1716 landeten ca. 30.000 Türken auf der Insel. Schulenburg und die Stadtbewohner verschanzten sich in der Alten Festung ❶ *und versuchten, die über Wochen dauernde Belagerung zu überstehen. Die Männer Schulenburgs und die gesamte Stadtbevölkerung sollen sich mit allen erdenklichen Waffen gewehrt haben. Die Türken wichen moralisch besiegt zurück und bereiteten einen neuen Angriff vor. Während dieser Zeit brach ein heftiger Sturm aus und machte den Türken schwer zu schaffen. Als den Belagerern in der Nacht noch der Inselheilige St. Spiridon (s. S. 25) erschienen sein soll, verließen sie Korfu in Panik. Schulenburg starb in Verona und wurde in Venedig beigesetzt, wo er bis zu seinem Tod Oberkommandierender der venezianischen Truppen war.*

Am Eingang zur Alten Festung steht Schulenburgs Denkmal, das man ihm schon zu Lebzeiten widmete. Es wurde von dem italienischen Bildhauer Corradini geschaffen und am 12. September 1716 aufgestellt. Die Korfioten zollen Schulenburg bis heute Respekt: Bei den jährlichen Prozessionen zu Ehren von St. Spiridon halten sie vor dem Denkmal an und feuern Salutschüsse ab.

❷ Esplanáda und Listón ★★★ [S. 144]

Εσπλανάδα και Λιστόν

Die Esplanáda (auch Spianáda) gilt vielen als einer der schönsten Plätze Griechenlands. Gegenüber der Alten Festung ❶ *befindet sich hier der Mittelpunkt des öffentlichen Lebens. Hier trifft man sich, hier flaniert man am Abend, hier genießt man in einem der Arkadencafés sein Getränk und beobachtet am Wochenende das Kricketspiel auf der angrenzenden Wiese. Der weitläufige Park hat zudem noch einige sehenswerte Monumente zu bieten.*

◁ *Markant erhebt sich die Alte Festung über die Stadt*

Ursprünglich wurde die Esplanáda als **Exerzierplatz** genutzt, heute dient sie als **Park** und als große **Kricketwiese**, die bis zu den Cafés des **Listón** reicht. Die Schönheit der Esplanáda ist den Franzosen zu verdanken, die von 1807 bis 1814 nicht nur für die Bepflanzung sorgten, sondern auch den Listón entstehen ließen. Die Arkadengalerie mit den Cafés wurde vom Architekten der Rue Rivoli in Paris erbaut. Die Ähnlichkeit mit diesem berühmten Straßenzug an der Seine erklärt, warum Korfu-Stadt gelegentlich auch „**Klein Paris**" genannt wird.

Weiter in südlicher Richtung durch den Park trifft man auf das **Denkmal** für die Vereinigung der Ionischen Inseln mit Griechenland im Jahre 1864. Die sieben Tafeln im Hintergrund zeigen die Symbole der einzelnen Inseln, wobei das Phäakenschiff für Korfu steht. Nur ein paar Schritte wei-

Inselhauptstadt Kérkyra (Korfu-Stadt)

ter ist man am **Rondell** auf der oberen Platía. Dies ist der Platz für allerlei Veranstaltungen und Festivitäten. Anlässlich des griechisch-orthodoxen Osterfestes (s. S. 100) finden sich hier Tausende Menschen zur Auferstehungsfeier ein.

Wenige Meter weiter steht **Maitlands Rotonda**, ein ionischer Rundtempel mit 20 Säulen. Erbaut wurde er von G. Whitmore zu Ehren von Sir Thomas Maitland. Maitland war erster britischer Lord High Commissioner der Ionischen Inseln und ließ eine Zisterne für die Verbesserung der Wasserversorgung bauen, auf welcher der Rundbau heute steht.

Weiter in südlicher Richtung entdeckt man nach Überqueren der Straße das **Denkmal** des wohl berühmtesten Politikers der Insel Korfu: Ioannis Kapodistrias (s. S. 67).

❸ Palast St. Michael und St. George ★★ [S. 144]

Παλαιά Ανάκτορα Αγίων Μιχαήλ και Γεωργίου

Am nördlichen Ende der Esplanáda ❷ steht der **königliche Palast „Agíon Michaíl ke Georgíou"**. Das neoklassizistische Gebäude wurde von Oberst George Whitmore in den Jahren 1819–1823 als Residenz des Lord High Commissioner (Repräsentant des Königs) und als Versammlungsort des Ionischen Senats erbaut.

Der Palast in Korfu-Stadt ist insofern einzigartig, als es das einzige Gebäude im Stil der Epoche von König George IV. im Mittelmeerraum ist. Zwischen 1846 und 1913 diente der repräsentative Bau der griechischen Königsfamilie als **Sommerpalast**.

Am frühen Morgen geht es in den Arkadencafés des Listón ❷ noch recht beschaulich zu

Schöner Blick vom Park des Palastes St. Michael und St. George über den Faliráki-Komplex

Vor dem Bauwerk ist die Statue von Sir Frederick Adam zu sehen, der die Wasserversorgung der Stadt plante.

Heute sind in dem Palast ein Museum und eine Galerie untergebracht. Das **Museum für Asiatische Kunst** im ersten Stock zeigt eine umfangreiche Sammlung an Kunstgegenständen asiatischer Herkunft. Die Sammlung umfasst u. a. wertvolles Porzellan, Skulpturen, Waffen und textile Gegenstände aus Japan, China, Thailand, Myanmar (Burma) und Korea. Der Grundstock für diese Sammlung ist dem griechischen Diplomaten Gregorios Manos (1850–1928) zu verdanken. Er war lange für den griechischen Staat als Botschafter in Asien unterwegs und schenkte seine private Sammlung 1919 dem Staat. Der angeschlossene **Museumsshop** bietet z. B. Bücher mit interessanten Informationen zum Palast und Museum sowie Postkarten und Poster an.

Die **Kunstgalerie** zeigt hauptsächlich Werke korfiotischer Maler des 19./20. Jh. und befindet sich im Ostflügel des Palastes, erreichbar durch einen kleinen, schattigen **Park**. Vom Park aus bietet sich ein wunderbarer Blick hinunter auf die Landzunge mit der kleinen Kapelle, den sogenannten **Faliráki-Komplex**. Das kleine Stadtbad auf der Landzunge ist ein beliebter **Badeort** für die Bewohner der Altstadt (s. S. 31).

› Esplanáda, www.matk.gr, geöffnet: Museum für Asiatische Kunst täglich 8–20 Uhr, Kunstgalerie Mi.–So. 9–16 Uhr, Eintritt: Museum für Asiatische Kunst 6 €, Kunstgalerie 3 €

❹ Rathausplatz (Platía Dimarchíou) ★★ [S. 144]

Πλατεία Δημαρχείου

Der Rathausplatz war zu Zeiten der **venezianischen Herrschaft** gesellschaftlicher Mittelpunkt von Korfu-Stadt. Belebt ist der schöne Platz immer noch, aber Zentrum des gesellschaftlichen Treibens ist heute eher die nahegelegene Esplanáda ❷.

Das **Rathaus (Dimarcheíon)** zählt zu den prächtigsten Gebäuden der Stadt. Es diente ursprünglich als Versammlungshalle des venezianischen Adels. Mit dem Bau wurde 1663 begonnen, 1720 wurde die Halle in ein Theater umgewandelt. Der Umbau

zum Rathaus erfolgte im Jahr 1903. Besonders beachtenswert sind die hübschen **Reliefdarstellungen**, die sich rund um den Bau ziehen. An der Südwand in der Mitte befindet sich das versteinerte Phäakenschiff, das Stadtwappen von Korfu. An der Ostseite entdeckt man eine barocke Skulptur aus dem Jahr 1691. Umgeben von vier engelhaften Kindergestalten, wird hier Francesco Morosini dargestellt, einer der bedeutendsten venezianischen Feldherren.

Östlich des Rathauses befindet sich die **katholische Bischofskirche San Giacomo** aus dem 17. Jh. Das große Gebäude gegenüber vom Rathaus war früher Sitz des katholischen Erzbischofs. Heute ist hier eine Filiale der Bank von Griechenland untergebracht. Weitere Gebäude am Rathausplatz sind Wohnhäuser, einige beherbergen kleine Geschäfte und Lokale. So strahlt der Platz eine äußerst angenehme Atmosphäre aus.

△ *Eines der prächtigsten Gebäude der Stadt: das Rathaus*

❺ Altstadtviertel Kambiéllo ★★ [S. 144]

Das Herzstück der Altstadt und das **älteste Viertel** von Kérkyra entstand Anfang des 14. Jh. Damals waren die Bewohner aufgrund der wachsenden Bevölkerungsdichte dazu gezwungen, die Alte Festung ❶ zu verlassen und sich außerhalb dieser anzusiedeln.

Der **venezianische Name Kambiello** (auch in der Schreibweise **Cambiello**) bezeichnet ursprünglich einen Brunnenplatz, von dem viele Gassen ausgehen. Das Zentrum des Kambiéllo erstreckt sich zwischen der Straße St. Spyridon und der Esplanáda ❷. Von der **Einkaufsmeile G. Theotóki** mit Boutiquen italienischer Schuhdesigner, Filialen großer Banken und teuren Juweliergeschäften führen Gassen in das Herz der Altstadt, in dem viele Menschen flanieren. Die Straße G. Theotóki setzt sich am Rande der Altstadt als **Fußgängerzone** fort. An deren Beginn steht ein unscheinbares **Bronze-Denkmal**, das man leicht übersieht. Es ist **Kostas Georgakis** zum Gedenken an seinen Tod während des Militärregimes gewidmet (s. S. 22).

Geführt von Gerüchen und vorbei an zahllosen Schaufenstern kann man sich in dem **Labyrinth der Gassen**, von den Einheimischen **Kadunia** (venezianischer Name für Winkel und Ecken) genannt, schnell verlaufen. Mitunter merkt man erst, wenn man wieder vor demselben Laden steht, dass man eigentlich im Kreis gelaufen ist. Das Gassengewirr ist an vielen Stellen durch **Torbögen** verbunden und wird immer wieder durch **kleine offene Plätze** unterbrochen.

Auf einem der kleinen Altstadtplätze, dem **Platía Kremastí**, steht ein schöner **venezianischer Brunnen**, der

1669 von einem Edelmann zum Wohle der Allgemeinheit gespendet wurde. Der Brunnen bildet das Zentrum des Platzes, an dem sich die **Kirche Panagía Kremastí** aus dem 16. Jh. befindet. Da die Wasserversorgung damals über Zisternen geregelt war, bereichern viele Brunnen das Bild der Stadt. Hier am Kremasti-Platz versteckt sich ein kulinarisches Kleinod der Stadt, das Restaurant **The Venetian Well** (s. S. 33).

❻ Museum Casa Parlante ★★ [S. 144]

2014 eröffnete unweit der Esplanáda ❷ das kleine Museum Casa Parlante, das ein Herrenhaus aus dem 19. Jh. wieder zum Leben erweckt und den Alltag der Aristokraten auf der Insel zu dieser Zeit darstellt.

Untergebracht in einem schönen **neoklassizistischen Gebäude** in der historischen Altstadt, lädt das Museum Besucher auf eine Zeitreise in die aristokratische Vergangenheit Korfus ein. Das ebenso kompetente wie freundliche Personal veranstaltet **Führungen**, die auch **in deutscher Sprache** angeboten werden. Die Mitarbeiter stellen jeden Raum mit passenden Anekdoten vor, charmant erläutern sie die Traditionen und so manche Eigenart des Adels und ihrer Dienerschaft. Die einzelnen Räume sind mit Liebe zum Detail mit **zeitgenössischem Mobiliar** und Dekor ausgestattet, das mit viel Aufwand aus ganz Griechenland in das schöne Museum gebracht wurde.

› Nikiforou Theotoki 16, www.casaparlante.gr, Tel. 2661049190, geöffnet: Mo.–Sa. 10–18 Uhr, in der Hauptsaison bei Bedarf länger, Eintritt: 6 €

In der Altstadt von Kérkyra pulsiert das Leben

Kostas Georgakis – ein Zeichen für die Demokratie

Das unscheinbare Bronze-Denkmal des jungen Kostas Georgakis steht am Rande des Altstadtviertels Kambiéllo ❺ *am Anfang der Fußgängerzone G. Theotóki an der Platía Evangelistrías. So mancher Tourist hat sich bestimmt schon gefragt, was es damit auf sich hat:*

Das Denkmal erinnert an den 1948 auf Korfu geborenen Studenten Kostas Georgakis, der zu Zeiten des Militärregimes (1967-1974) der Jugendorganisation der liberal-sozialen Zentrumsunion angehörte und in der antidiktatorischen Studentenbewegung aktiv war. In den dunklen Zeiten der Militärdiktatur gab es in Griechenland willkürliche Verhaftungen politischer Gegner, Folter, Pressezensur und Ausgangssperren. Die Widerstandsbewegungen waren bis 1970 relativ schwach. Kostas Georgakis studierte zu dieser Zeit im italienischen Genua. Er begab sich am 19. September 1970 um drei Uhr morgens zum Gerichtsgebäude der Stadt, übergoss sich mit Benzin und zündete sich mit den Worten „Es lebe das freie Griechenland" selbst an. Wenige Stunden später starb er im Krankenhaus. Die Nachricht von seinem Selbstmord verbreitete sich wie ein Lauffeuer in ganz Griechenland. Sein Tod rüttelte die Nation wach, die Widerstandsbewegungen wurden aktiver. Schließlich brachten sie das Militärregime am 24. Juli 1974 zu Fall.

Unter dem Denkmal von Georgakis in der Nähe seines Elternhauses stehen die letzten Worte, die er seinem Vater am Vorabend des Selbstmords schrieb: „Ich kann nicht anders, als als freier Mensch zu denken und zu handeln".

◁ *Kostas Georgakis: ein Denkmal für den Widerstand*

❼ Philharmonisches Museum ★ [S. 144]

Μουσείο της Φιλαρμονικής

Musikvereine, die hier **Philharmonien** (s. S. 23) heißen, haben auf Korfu eine sehr lange Tradition und sind eng mit dem gesellschaftlichen Leben verknüpft. In nahezu jeder Familie gehört mindestens ein Mitglied einem Musikverein an und trägt dazu bei, dass Korfu mit seinen mittlerweile 18 Philharmonien in Sachen Musikalität in Griechenland unangefochten an der Spitze steht. Die **Alte Philharmonie** betreibt in Korfu-Stadt das einzige Philharmonische Museum in Griechenland. Darin wird die Historie der Musikvereine ausführlich dargestellt. Die Ausstellung beinhaltet alte Musikinstrumente, Fotografien und seltene Tonaufzeichnungen. Auf der Website der Philharmonie findet man einen **Veranstaltungskalender**.

Korfu und seine Philharmonien

Die Erste Philharmonische Gesellschaft, auf der Insel als Alte Philharmonie bekannt, wurde 1840 gegründet. Maßgebend war der Zeitgeist des Aufschwungs im Europa des 19. Jh., in dem auch einige Intellektuelle Korfus den Zusammenschluss in Vereinen suchten. Die erste Aufführung fand zu Zeiten des britischen Protektorats (1815-1864) statt. Die Alte Philharmonie begleitete erstmals 1841 die Prozession von St. Spiridon, da sich die Briten bereits 1837 geweigert hatten, orthodoxe Feierlichkeiten musikalisch zu unterstützen.

Erster musikalischer Leiter der Alten Philharmonie war **Nicolaos Mantzaros** (1795-1872), Komponist der griechischen Nationalhymne. Er gehörte zur ersten Generation der Ionischen Schule, einer Gruppe von Komponisten des 19. Jh. von den Ionischen Inseln. War bis dahin eine musikalische Ausbildung nur einer kleinen Minderheit möglich, so konnte Mantzaros seinen Traum verwirklichen, allen gesellschaftlichen Schichten kostenlosen Musikunterricht zu ermöglichen. Heute umfasst die Erste Philharmonische Gesellschaft ein Orchester mit 150 Musikern, eine Kapelle und ein Jazzorchester. Diese begleiten nicht nur die örtlichen Feierlichkeiten, sondern haben sich auch auf Konzertreisen im Ausland einen Namen gemacht. Mit seinen talentierten Musikern versorgt der Verein z. B. das Athener Staatsorchester und die Athener Oper mit Nachwuchs. 2016 erhielt die Philharmonische Gesellschaft gar den goldenen Preis beim World Orchestra Festival in Wien. Im Finale setzte man sich gegen viele international renommierte Orchester durch.

Nach Gründung der zweiten Philharmonie namens Mantzaros im Jahr 1890 wurden auf der ganzen Insel weitere Orchester und Musikvereine ins Leben gerufen. Alle 18 Philharmonien widmen sich nach wie vor der kostenlosen Verbreitung musikalischer Bildung und sind aus dem Inselleben nicht mehr wegzudenken. Wer Gelegenheit hat, einer der eindrucksvollen Paraden (1. Mai und 21. Mai) oder kirchlichen Prozessionen (Termine s. S. 25) beizuwohnen, sollte sich das nicht entgehen lassen. Über die Geschichte der Musikvereine informiert das Philharmonische Museum ❼.

› Nikiforos Theotoki 10, Tel. 2661039289, www.fek.gr (unter „Struktur"/„Museum"), geöffnet: Mo.-Sa. 9.30-13.30 Uhr, Eintritt frei

❽ Banknotenmuseum ★ [S. 144]

Μουσείο Χαρτονομισμάτων

Im Gebäude der **Ionian Bank** (heute Alpha Bank) ist heute ein kleines **Privatmuseum** ansässig. Hier werden Banknoten von den Anfängen bis heute präsentiert. Zu den Ausstellungsstücken gehören auch Inflations- und Kriegsgeld, alte Aktien und Anleihen sowie Gelddruckplatten. Außerdem wird in Schaubildern die Herstellung von Banknoten erläutert.

› Pl. Aghiou Spiridonos, www.alphapolitismos.gr (unter „05/Banknote Museum"), April-Sept. Mi. u. Fr. 9-14 u. 17.30-20.30, Do. 9-15, Sa./So. 8.30-15 Uhr, Okt.-März Mi.-So. 8-15 Uhr, Eintritt frei

Inselhauptstadt Kérkyra (Korfu-Stadt)

❾ Kirche Ágios Spirídon (Ekklisía Ágios Spirídon) ★★ [S. 144]

Εκκλησία Άγιος Σπυρίδωνας

Die wohl berühmteste Kirche der Insel mit dem **auffälligen Glockenturm** steht unweit der Esplanáda ❷ inmitten der Altstadt und ist Heimat für die **Reliquie des Inselheiligen.** Die 1584 im Stil einer einschiffigen Basilika fertiggestellte Kirche wirkt von außen recht schlicht. Der Glockenturm mit roter Kuppel wurde 1595 nach dem Vorbild einer Kirche in Venedig gebaut und ist der höchste der Stadt.

Im Inneren ist die Kirche prachtvoll mit **Deckenmalereien** und **Ikonen** ausgeschmückt. Unzählige Leuchter, Kandelaber und Weihrauchgefäße sorgen für andächtige Stille. Kostbarster Besitz der Kirche sind die Gebeine des **hl. Spirídon** (s. S. 25), die in einer kleinen Seitenkapelle in einem Doppelsarkophag aufbewahrt werden. Der mit Silber beschlagene Holzsarkophag ist die Arbeit einer Wiener Werkstatt aus dem Jahr 1867. Der innere Sarkophag aus Ebenholz stammt von 1770 und gibt durch eine Glasfläche einen Blick auf den Kopf des Heiligen frei. Am Fußende ist eine Klappe eingearbeitet, damit Gläubige die Füße des Heiligen küssen können.

Die Seitenkapelle mit dem Sarkophag ist frei zugänglich. Besichtigungen sollten aber keinesfalls während der Gottesdienste stattfinden. Der Turm lässt sich nicht besteigen.
› Odos Spiridonos, tagsüber geöffnet

❿ Corfu Reading Society ★ [S. 144]

Das **Haus der Lesegesellschaft** fällt durch die **reizvolle Außentreppe** mit den Arkaden sofort ins Auge. Gegründet im Jahr 1836, zählt es zu den ältesten kulturellen Institutionen Griechenlands, die bis heute existieren. Das Gebäude aus dem 17. Jh. mit dem typischen Ambiente eines Herrenhauses beherbergt eine Vielzahl alter Bücher, Stiche, Zeitungen, Gemälde und Schriftstücke aus allen Teilen der Ionischen Inseln. Die altehrwürdige Einrichtung und die Größe des Archivs sind beeindruckend.
› Kapodistriou 120, www.anagnostikietairia-kerkyras.eu, Tel. 2661039528, Mo.–Sa. 9.30–13.30 Uhr, Eintritt frei

◁ *Auffälliger Glockenturm: die Kirche Ágios Spirídon*

Ágios Spirídon – Schutzpatron der Insel

Ágios Spirídon (griech. "Heiliger Spiridon", auch in der Schreibweise "Spyridon") wurde der Legende nach 270 n. Chr. auf Zypern geboren und dort zum Bischof geweiht. Bereits zu Lebzeiten soll er zahlreiche Wunder vollbracht haben. Der Leichnam soll von einem korfiotischen Priester nach Korfu gebracht worden sein und ging in den Besitz der Familie Bulgari über, die ihre Privatkirche mit der Reliquie aufwertete. Nach Abriss dieser Privatkirche im 16. Jh. wurde für die Reliquie die Kirche an heutiger Stelle errichtet. Hier wird der Heilige nach wie vor in beispielloser Art und Weise verehrt. Von den Korfioten wird der Schutzheilige liebevoll "Spiro" genannt, auf ihn lassen sie nichts kommen. Nicht umsonst ist "Spiro" der häufigste Jungenname auf der Insel. Weilt man einige Zeit in der Kirche Ágios Spirídon ❾*, beobachtet man immer wieder Gläubige, die den Schutzheiligen im Nebenraum der Kirche aufsuchen, sei es als Beichtvater oder Ratgeber. Die Korfioten zollen ihm allerhöchsten Respekt.*

Viermal im Jahr wird der Heilige im Rahmen einer prachtvollen Prozession in einem Schrein andachtsvoll durch die Straßen von Korfu-Stadt getragen, begleitet von orthodoxen Priestern und Musikvereinen der Insel. Dies soll daran erinnern, wie der Heilige die Korfioten in der Vergangenheit vor Katastrophen bewahrte. Die Gläubigen sind sicher, dass der Schutzheilige weiterhin Wunder bewirkt. Jedes Jahr bekommt er ein neues Paar bestickte Pantoffeln, denn die alten Schuhe sind angeblich durch das nächtliche Wandeln in der Stadt völlig kaputt. Wer an einem dieser Tage auf der Insel weilt, sollte sich das Ereignis nicht entgehen lassen. Verhalten und Gestik der Einheimischen bringen einem das Verhältnis der Korfioten zu ihrem Inselheiligen näher.

*Hier eine Übersicht über die **Prozessionstermine:***
- ❯ ***Palmsonntag:*** *Jahrestag zur Rettung vor der Pest im Jahr 1629*
- ❯ ***Karsamstag:*** *Bewahrung vor einer Hungersnot*
- ❯ ***11. August:*** *Erinnerung an das Ende der türkischen Belagerung*
- ❯ ***Erster Sonntag im November:*** *Bewahrung vor einer Cholera-Epidemie*

⓫ Byzantinisches Museum Antivouniótissa ★★ [S. 144]

Μουσείο Αντιβουνιώτισσα

Im Norden des Altstadtviertels Kambiéllo ❺ steht die **Kirche Panagía Antivouniótissa**, eine der ältesten Sakralbauten der Insel (15. Jh.). Von der Uferstraße Odos Arseniou führt eine **Treppe** zu dem bedeutenden Gotteshaus.

Dass es heute das Byzantinische Museum beherbergt, ist den früheren Besitzern zu verdanken. Panagía Antivouniótissa diente einst als **Privatkirche** reicher korfiotischer Adelsfamilien. Im Fußboden der Vorhalle sind ihre **Grabplatten** mit Inschriften erhalten. Sie schenkten die Kirche 1979 samt des reichhaltigen Inventars christlicher Kunstgegenstände dem griechischen Staat, allerdings

Das Schicksal der jüdischen Korfioten

Am 14. September 1943 bombardierten deutsche Truppen Korfu-Stadt und fügten der Inselhauptstadt die schwersten Zerstörungen in ihrer Geschichte zu. Viele historische Gebäude wurden ganz oder teilweise zerstört, wie z. B. das Theater und die Ionische Akademie. Etwa ein Drittel des Stadtzentrums lag in Trümmern, mehr als 5000 Menschen waren ausgebombt.

Die Edelweiß-Division landete auf Korfu und rückte über Lefkími ⑳ *auf Korfu-Stadt vor. So besetzten die deutschen Truppen schließlich am 24. und 25. September 1943 die gesamte Insel. Die italienischen Soldaten, die ihre Unterstützung verweigerten, wurden erschossen. Mehr als 14.000 Soldaten wurden gefangen genommen. Um den Widerstand der Inselbevölkerung zu brechen, schreckten Hitlers Truppen vor keiner Gewalttat zurück. Mehr als 2000 korfiotische Juden wurden im Sommer 1944 in die Konzentrationslager deportiert. Weniger als 100 kamen zurück.*

Unterhalb der Neuen Festung ⑬ *an der Pl. Neou Frouriou erinnert ein Mahnmal (s. Foto) an das traurige Schicksal der jüdischen Korfioten während der deutschen Besatzung.*

---

mit der Auflage, die Kirche zu restaurieren und hier ein Museum sakraler Kunst einzurichten. So konnten hier mehr als einhundert wertvolle **Ikonen** aus korfiotischen Kirchen sowie weitere religiöse und kunsthistorische Schätze der Insel eine neue Heimat finden und angemessen präsentiert werden.

› Odos Arseniou, www.antivouniotissa museum.gr, Tel. 2661038313, geöffnet: Di.–So. 8–15 Uhr, Eintritt: 4 €

⑫ Solomós-Museum ★ [S. 144]

Μουσείο Σολωμού

Der Nationaldichter Griechenlands, **Dionysios Solomos** (1798–1857), verbrachte einen großen Teil seines Lebens auf Korfu. Das Museum ist seinem Leben und Werk gewidmet und residiert in einem mehrstöckigen Haus in der Odos Arseniou, wo er seine letzten Lebensjahre verbrachte. Ausgestellt sind **historische Fotos**, zahlreiche Bücher und **persönliche Gegenstände** des von den Griechen hochgeschätzten Dichters. Auf dem Original-Schreibtisch finden sich Manuskripte älterer Versionen der „Hymne an die Freiheit". Der von Solomos verfasste Text dient bereits seit 1864 als griechische Nationalhymne.

› Odos Arseniou, Tel. 2661030674, geöffnet: Juni–Okt. Mo.–Fr. 9.30–14, Nov.–Mai Mo.–Fr. 9.30–13 Uhr, Eintritt: 1 €

▷ Der Haupteingang des Britischen Friedhofs. Betreten wird die Oase der Stille über den kleinen Nebeneingang.

⓭ Neue Festung (Néo Froúrio) ★★ [S. 144]

Νέο Φρούριο

Die Neue Festung war früher Militärgebiet und für die Öffentlichkeit gesperrt. Heute ist sie zur Besichtigung geöffnet. Von dort lassen sich ausgezeichnet die einschwebenden Flugzeuge beobachten – ein beeindruckender Anblick.

Der Bau an dem Stadtbollwerk wurde 1576 begonnen, 1645 war die Festung fertiggestellt. Sie soll ein dichtes Netz von **unterirdischen Gängen** besitzen und in früheren Zeiten auch unterirdisch mit der Alten Festung ❶ verbunden gewesen sein. Ein Besuch lohnt wegen des **herrlichen Blicks** auf die Altstadtdächer von Korfu-Stadt und den Alten Hafen. In der Ferne erkennt man bei gutem Wetter Albanien und das griechische Festland. Den höchsten Punkt der Festung erreicht man über eine abenteuerliche und sehr steile **Metalltreppe**.

1994 wurde die Festung renoviert und bietet seither **Wechselausstellungen** und gelegentlichen Konzerten Platz. In der Hauptsaison werden zudem in einem **Café** Erfrischungen angeboten.

› Eingang über die Odos Solomou, geöffnet: Mai–Okt. tgl. 9–21 Uhr (Achtung: Öffnung ungewiss, da die Anlage im Juni 2018 mangels Überwachungspersonals geschlossen wurde), Eintritt frei

⓮ Archäologisches Museum ★ [S. 14]

Αρχαιολογικό Μουσείο

Wer sich für die Funde der Ausgrabungsstätten auf der Insel interessiert, sollte einen Besuch im Archäologischen Museum nicht versäumen. Ausgestellt sind u. a. Grabmonumente und eine interessante Münzsammlung. Hauptsächlich handelt es sich um Hinterlassenschaften des **antiken Kérkyra**, auch bekannt als **Paleópolis** ⓱, und weiterer bedeutender Grabungsorte auf Korfu. Zu den wertvollsten Fundstücken aus dem antiken Kérkyra gehört der **Gorgo-Giebel des Artemis-Tempels** (585 v. Chr.) – die Darstellung der Gorgo Medusa gilt als eine der besterhaltenen Bildhauerwerke Griechenlands. **Die seit 2015 andauernden Renovierungsarbeiten sind abgeschlossen und das Museum ist seit November 2018 wieder für die Öffentlichkeit zugänglich.**

› Wegbeschreibung: Von der Alten Festung ❶ geht es zu Fuß in Richtung Süden immer am Meer entlang. Nach dem Corfu Palace Hotel biegt man rechts in die Odos Vrela Armeni ein.

› Vrela Armeni 1, Tel. 2661030680, Di.–So. 9–16 Uhr

⓯ Britischer Friedhof (British Cemetery) ★★ [S. 14]

Ein besonderer Ort der Ruhe, stimmungsvoll und fast schon romantisch: Es ist eine Wohltat, in dem schattigen, parkähnlichen Gelände zu flanieren und der Stadthektik zu entfliehen. So manche Inschrift erzählt von persönlichen Schicksalen.

Inselhauptstadt Kérkyra (Korfu-Stadt)

Das große Eingangstor zum Friedhof ist in der Regel geschlossen. Betreten wird der Friedhof über den **kleinen Nebeneingang**, der sich nur wenige Meter rechts vom Haupteingang befindet. Ein Glöckchen am Tor kündigt jeden Besucher an. George Psailas, der in dem Haus beim Eingang lebt und hier 1927 geboren wurde, pflegt den Garten des Friedhofs im hohen Alter noch immer liebevoll. Wenn er nicht gerade beschäftigt ist, hält er einige Erklärungen und Geschichten zum Friedhof und seiner Pflanzenpracht bereit. Man entdeckt zum Beispiel **Grabsteine** aus der Kolonialzeit und schlichte Gräber aus der Epoche der deutschen Besatzung (1943–1944).

Für Pflanzenfreunde ist ein Besuch im Frühjahr zur Blütezeit der vielen **wild wachsenden Orchideen** ein besonderes Vergnügen. Mit über 30 verschiedenen Orchideenarten ist der Friedhof ein wichtiges Biotop mancher vom Aussterben bedrohter Gattung. Nirgends auf der Insel werden Orchideenfreunde an einem Ort so viele Sorten vereint sehen. Auf dem Gelände sind ferner einige Exemplare der **Griechischen Landschildkröte** heimisch geworden.

> **Wegbeschreibung:** Als Ausgangspunkt empfiehlt sich der ehemalige Busbahnhof San Rocco. Man folgt dem Schild Richtung Lefkími auf der Straße Mitropoliti Methodiou. Sobald man auf die Odos Dimoulitsa trifft, geht es in die Odos Kolokotroni. Von dort führt ein kleiner Wegweiser („British Cemetery") zum Friedhof. Parkplätze sind Mangelware, deshalb am besten zu Fuß vom Pl. San Rocco in ca. 15 Min. zum Friedhof gehen.

> Odos Kolokotroni, geöffnet: tgl. ab ca. 9 Uhr bis Sonnenuntergang, Eintritt frei (kleine Spende empfohlen)

⓰ Kirche Ágios Jáson und Ágios Sossípatros ★ [S. 14]

Εκκλησία Ιάσονος και Σωσιπάτρου

Eine der wenigen auf den Ionischen Inseln erhaltenen **byzantinischen Kreuzkuppelkirchen** ist in Korfu-Stadt beheimatet. Zu finden ist sie am Südzipfel der Bucht Anemómilos etwas abseits von der Hauptdurchgangsstraße nach Kanóni ⓳. Benannt wurde das Gotteshaus nach **Jason und Sosipater**, die Schüler des Apostel Paulus gewesen sein sollen.

Den einzigen Hinweis zur **Entstehungszeit** der Kirche geben zwei Platten mit Inschriften rechts und links der Mitteltür an der Westfassade preis. Offenbar wurde das Gotteshaus von einem Priester errichtet, als Theophanes gerade Bischof von Korfu war. Demnach wurde es vermutlich um das Jahr 1000 erbaut. Der kleine **Glockenturm** wurde im 17. Jh. ergänzt. Die Architektur mit Ornamenten und dekorativen Ziegelbändern ist typisch für byzantinische Sakralbauten.

> **Anfahrt:** Stadtbus Nr. 2 nach Kanóni bis Haltestelle Jason ke Sossipatros

> Anemómilos, tagsüber meist frei zugänglich, Eintritt frei

⓱ Paleópolis ★ [E5]

Παλαιόπολης

Die **antike Stadt** liegt auf der **Halbinsel Análipsi**, auch **Kanóni-Halbinsel** genannt. Unmittelbar gegenüber vom Eingang zum Schlosspark Mon Repos ⓲ sind die **Reste der Basilika** von Paleópolis zu sehen. Ursprünglich in frühchristlicher Zeit als fünfschiffiges Gotteshaus errichtet, wurde der Bau nach seiner ersten Zerstörung dreischiffig wieder aufgebaut. Heute sind nur noch Reste eines späteren gotischen Gebäudes aus der venezianischen Epoche zu sehen.

Folgt man dem nach dem deutschen Archäologen **Wilhelm Dörpfeld** (1853–1940) benannten Weg **Odos Derpfeld** in Richtung Kanóni ⓘ und biegt an der nächsten Straße rechts ab, erreicht man nach ca. zehn Gehminuten das **Frauenkloster Ágii Theódori**, eines der ältesten Beispiele korfiotischer Klosterarchitektur. Die Klosterkirche kann besichtigt werden. Unmittelbar an das Kloster schließt sich das **Ausgrabungsgelände des Artemis-Tempels** an. Wer Interesse an antiker Geschichte hat, sollte sich den hier gefundenen Gorgo-Giebel im Archäologischen Museum ⓘ anschauen. Historische Fotos der Ausgrabungen, denen auch Kaiser Wilhelm II. während eines Osterurlaubs auf der Insel beiwohnte, sind im kleinen Museum im Schloss Mon Repos zu bewundern.

› **Anfahrt:** Stadtbus Nr. 2 nach Kanóni bis zur Haltestelle Paleópolis. Mit dem Auto folgt man in Korfu-Stadt den Schildern nach Kanóni bis zum Eingang von Mon Repos.

ⓘ Schloss und Park Mon Repos ★★ [F5]

Μον Ρεπό

Ein einzigartiges Ensemble: Das Museum im Schloss gibt einen aufschlussreichen Einblick in die Geschichte der Insel und der urige Park bietet in der Sommerhitze angenehmen Schatten. Ein Spaziergang führt zu den Resten zweier antiker Tempel.

Das **Schloss Mon Repos** (franz. „Meine Ruhe") wurde zwischen 1828 und 1832 im Auftrag des Gouverneurs Sir Frederick Adam erbaut und war Sommerresidenz der britischen Gouverneure. Im Jahre 1863 verbrachte auch die österreichische **Kaiserin Elisabeth** (**Sisi**) einige Zeit im Schloss, bevor sie den Palast Achilleion ⓘ in Gastoúri erbauen ließ.

Mon Repos ist vielen Briten ein Begriff, denn hier wurde 1921 **Prinz Philipp**, Herzog von Edinburgh, gebo-

Ein pittoreskes Kleinod: das zauberhafte Schloss Mon Repos

Inselhauptstadt Kérkyra (Korfu-Stadt)

ren – er ist der Ehemann der amtierenden britischen Königin. Nach Ende der britischen Herrschaft 1864 war das gesamte Gelände im Besitz der griechischen Königsfamilie. Als König Konstantin II. 1967 ins Exil ging, entbrannte ein **Rechtsstreit** um die Nutzung. Erst 1994 wurde das Gelände dem Staat zugesprochen. Das Schloss wurde renoviert und die Parkanlage für Besucher geöffnet.

Das heute im Schloss untergebrachte **Museum** präsentiert eine interessante Sammlung archäologischer Funde, historischer Dokumente, alter Karten und Fotos Korfus sowie Informationen zur Botanik der Insel.

Nach dem Museumsbesuch empfiehlt sich ein Spaziergang durch den **weitläufigen Park**. Folgt man dem ausgeschilderten Weg, trifft man auf die Reste des **Hera-Tempels**. Von dem einst 20 mal 40 m großen Bau ist allerdings außer einigen Steinquadern nicht mehr viel zu sehen. Der weitere Weg bis zum **Kardaki-Tempel** ist ebenfalls mit Schildern markiert. Folgt man auf dem Rückweg dem kleinen Pfad in Richtung Küste, kommt man zu einem **Badeplatz mit Steinsteg**. An diesem idyllischen Platz nehmen die Anwohner gerne ein Bad. Über eine kleine Anhöhe mit herrlichem Blick auf die Alte Festung ❶ führt der Pfad danach wieder zum Hauptweg. Im Park findet man immer wieder **tolle Fotomotive**. Besonders die uralten, knorrigen Bäume sind beeindruckend und ausgesprochen fotogen.

› **Anfahrt:** Stadtbus Nr. 2 nach Kanóni bis Haltestelle Paleópolis
› Eingang direkt an der Haltestelle, Tel. 2661041369, geöffnet: Museum Di.–So. 8.30–15, Park tgl. 8–19 Uhr, Eintritt: Museum 4 €, Park Eintritt frei

⓳ Kanóni ★★★ **[E6]**
Κανόνι

Die Spitze der Halbinsel Análipsi ist zweifellos der beliebteste Aussichtspunkt der Insel Korfu. Zu manchen Tageszeiten drängen sich vor den Aussichtscafés die Busse, damit die Touristen ihren obligatorischen Fotostopp einlegen können. Das malerische Motiv mit dem Kloster Vlachérna und der Mäuseinsel im Hintergrund darf auf keiner Postkarte fehlen und schmückt unzählige Reisebroschüren.

Benannt ist der Aussichtspunkt nach einer **Kanone**, die 1798 von Franzosen aufgestellt wurde. Im Vordergrund erkennt man das kleine Inselchen mit dem **Kloster Vlachérna** (**Panagía ton Vlachernón**) und südlich davon die Insel **Pontikonísi** (wörtlich: „Mäuseinsel") mit einer kleinen byzantinischen Kirche aus dem 12. Jh.

Vom oberen Aussichtspunkt führen **Treppen** hinunter, über einen **Steg** gelangt man auf die kleine **Insel** mit dem Kloster Vlachérna aus dem 17. Jh. Der Innenhof und die winzige Einraumkapelle können besichtigt werden.

Vom Steg aus setzen regelmäßig **Boote zur Insel Pontikonísi** über. Das kleine Eiland spielt in der **griechischen Mythologie** eine nicht unbedeutende Rolle: Man hielt es für das versteinerte Phäakenschiff, schließlich liegt die Insel direkt vor dem Hafen der alten Stadt und nach Homer soll sich das heimkehrende Schiff der Phäaken vor den Augen der Stadtbewohner in Stein verwandelt haben.

› *Malerisch zeigt sich das Kloster Vlachérna in der Abendsonne*

Inselhauptstadt Kérkyra (Korfu-Stadt)

Heute kommen die Besucher nicht nur wegen des **wunderbaren Panoramas,** sondern auch wegen der besonderen Aussicht auf die in unmittelbarer Nähe gelegene Start- und Landebahn des Flughafens. Ein besserer Platz für **Planespotter** ist kaum vorstellbar. Die beste Sicht auf Flugzeuge im Landeanflug bietet sich von der Terrasse des **Royal Boutique Hotel** (www.hotelroyal.gr). Die Hotelterrasse ist ab ca. 8 Uhr geöffnet und frei zugänglich. Selbstverständlich sollte man hier etwas konsumieren. Die Lichtverhältnisse sind am Vormittag besonders gut. Nachmittags ist der **Damm nach Pérama** als Fotostandpunkt empfehlenswert. Steht man in der Mitte des Damms, rauschen einem die einschwebenden Flugzeuge ganz nah über den Kopf. Eine weitere Möglichkeit bieten die **Tavernen mit Aussichtsterrassen** an der Straße nach Pérama. Diese sind über den Damm zu Fuß erreichbar. Von der großen Terrasse des **Restaurants Nisos** (www.nisoscorfu.gr) hat man den besten Blick auf die Mäuseinsel, Kanóni und die Landebahn.

› **Anfahrt:** Stadtbus Nr. 2 bis Kanóni

Strandbäder

Es gibt **zwei Strandbäder** in Korfu-Stadt. Von dem kleinen Park hinter dem **Palast St. Michael und St. George** ❸ blickt man hinunter auf den **Faliráki-Komplex.** Über einen **Holzsteg** oder über Leitern gelangt man ins kühle Nass. Das Bad ist über den Zugang von der Uferstraße Odos Arseniou erreichbar. Für einen ganzen Badetag ist dieser Ort nur bedingt geeignet, aber wer sich mal kurz abkühlen möchte, kann das hier tun.

Wer einen längeren Badetag in Kérkyra plant, sollte das **Strandbad Mon Repos** besuchen. Es liegt am südlichen Ende der Uferstraße und bietet gegen einen geringen Eintrittspreis Annehmlichkeiten wie Duschen, Umkleidekabinen, Spielplatz und Café.

Inselhauptstadt Kérkyra (Korfu-Stadt)

Infos und Reisetipps

› **Touristeninformation:** Eine Touristeninformation gibt es leider nur während der Hauptsaison in der Ankunftshalle des Flughafens (s. S. 120).
› **Parkplätze:** Wer mit dem Auto kommt, findet kostenpflichtige Parkplätze nahe der Altstadt am Alten Hafen (s. S. 129) und an der Esplanáda ❷ (3 €/Tag).

Unterkünfte

■ **Atlantis Hotel** €€ <001> Xenofontos 48, www.atlantis-hotel-corfu.com. **Einfach und günstig:** Das Hotel ist zwar schon etwas in die Jahre gekommen, punktet aber mit sehr freundlichem Personal und guter Lage am Fährhafen. Viele Zimmer mit Balkon und schöner Sicht auf das Ionische Meer. Nur 10 Min. zu Fuß bis in die Altstadt.

■ **Bella Venezia Hotel** €€€ <002> Odos Zambeli 4, www.bellaveneziahotel.com. **Schöner Garten inklusive:** Schickes Hotel in einem klassizistischen Bau mit viel Stil. Das Frühstück kann im Garten eingenommen werden. Die Lage unweit der Esplanáda ist perfekt, um die Altstadt zu erkunden.

■ **Hermes Hotel** € <003> Gerasimou Markora 12–14, www.hermes-hotel.gr. **Zentral mit griechischem Flair:** Sehr einfaches Hotel in guter Lage unterhalb der Neuen Festung. Zuvorkommendes Personal und zweckmäßige, landestypisch gestaltete Einrichtung.

Essen und Trinken

Die **Anzahl der Restaurants** in Korfu-Stadt ist **groß.** Vom einfachen Imbiss bis zum Restaurant mit Sterneniveau ist alles dabei. Direkt in der Altstadt versuchen findige Kellner oft, Gäste in ihr Restaurant zu bewegen, was gelegentlich etwas aufdringlich erscheint. Einige Restaurants und Tavernen, in denen hauptsächlich **Einheimische** verkehren, sind in Richtung Süden parallel zur Odos Dimokratias in der schattigen Allee entlang der Garítsa-Bucht zu finden.

■ **Aegli** €€€ <004> Kapodistria 13, Tel. 2661031949, geöffnet: tgl. ab 10 Uhr. Unmittelbar an der Esplanáda befindet sich das altehrwürdige Restaurant Aegli. Serviert wird klassische griechische und internationale Küche. Schöne Lage und guter Service. WLAN.

■ **Bakalogatos** € <005> Alipiou 23, Tel. 2661301721, www.facebook.com/mpakalogatos.kerkira, Mo.–Sa. ab 17.30 Uhr. Klassische Taverne in der Altstadt, die überwiegend von Einheimischen besucht wird. Sehr gutes Preis-Leistungs-Verhältnis, freundliche Bewirtung und gute Beratung zu vegetarischen Gerichten.

■ **Earth Cafe** € <006> Evgeniou Voulgareos 86, Tel. 2661028000, http://facebook.com/earthcafe.gr, tgl. 24 Std. geöffnet. Eine Mischung aus hippem Café und gehobenem Imbiss. Wer auch im Urlaub nicht auf Burger verzichten möchte, findet hier leckere Varianten des Fast-Food-Klassikers, eine große Salatauswahl sowie köstliche Kuchen und Süßspeisen zum obligatorischen Kaffee. WLAN.

■ **Pitonostimies** €€ <007> Ag. Vassiliou 38, Tel. 2661022815, www.facebook.com/Pitonostimies, geöffnet: Mo.–Sa. ab 12.30 Uhr. Authentische griechische Küche mit freundlichem Service. Gutes Preis-Leistungs-Verhältnis und zentrale Lage mitten in der Altstadt.

■ **Pomo d'Oro** €€€€ <008> Pl. Skaramanga 13, Tel. 2661028680, www.facebook.com/pomodorocorfu, geöffnet: tgl. ab 18 Uhr. Produkte aus der Region werden neu und auf sterneverdächtigem Niveau mit Einflüssen der italienischen Küche interpretiert. Im schönen Garten lassen sich die einfallsreichen Gerichte bestens genießen.

Inselhauptstadt Kérkyra (Korfu-Stadt)

- **Restaurant Anthos** €€€ <009> Maniarizi Arlioti 15, Tel. 2661032522, Facebook-Seite, geöffnet: tgl. ab 12 Uhr. Frische, moderne Küche bieten die Inhaber dieses Restaurants, das abseits des Trubels liegt. Es gibt mediterrane Speisen und schmackhafte Variationen von Meeresfrüchten. Für Fischliebhaber zu empfehlen.
- **Salto Wine Bar-Bistro** €€€€ <010> Donzelot 23, nahe dem Alten Hafen, Tel. 2661302325, Facebook-Seite, geöffnet: tgl. ab 18.30 Uhr. Inselprodukte werden im Salto zu kulinarischen Genüssen verarbeitet. Saisonale Bioprodukte, eine ausgezeichnete Weinauswahl und bester Service runden das Angebot ab.
- **Ta Kokoria** €€ <011> Pargas 17, geöffnet: tgl. ab 12 Uhr. Direkt in der Altstadt in einer kleinen Seitengasse gelegen, bietet das kleine Restaurant regionale Gerichte und frischen Fisch. Ausgesprochen freundliches Personal und ein gutes Preis-Leistungs-Verhältnis.
- **Tavernaki tis Marinas (Marinas Taverna)** €€ <012> Velissariou 35, Spilia-Viertel, Tel. 2661100792, Facebook-Seite, geöffnet: tgl. ab 12 Uhr. Hier werden heimische Spezialitäten aufgetischt, deren köstliche Zubereitung auch viele Einheimische in das Lokal von Marina Beska lockt.
- **The Venetian Well** €€€€ <013> Pl. Kremasti, Tel. 2661550955, www.venetianwell.gr. Etwas versteckt am Kremasti-Platz mit seinem alten venezianischen Brunnen findet man dieses kulinarische Kleinod. Romantisches Ambiente mit Kerzenschein im Innenhof paart sich mit gehobener Gastronomie und exzellentem Service.
- **To Alatopipero** € <014> Prosalendou 16, Tel. 694226387, geöffnet: tgl. ab 12 Uhr. Einheimische kommen gerne hierher, um gut und günstig regionale Gerichte zu speisen. Am späten Abend wird das Lokal zum Treffpunkt junger Leute.

Einkaufen

- **By Tom** <015> Odos N. Theotoki, geöffnet: tgl. ab 10 Uhr. Auf das Hinweisschild „By Tom" achten. Thomas gewährt gerne Einblick in seine urige Werkstatt. Alleine schon dieser Eindruck ist einen Besuch wert. Hier findet man traditionelle Handwerkskunst aus Olivenholz zu angemessenen Preisen.

Thomas von By Tom ist immer zu einem kleinen Plausch in seiner urigen Olivenholzwerkstatt bereit

Inselhauptstadt Kérkyra (Korfu-Stadt)

> **EXTRATIPP**
>
> ### Einkaufsbummel auf dem Wochenmarkt
>
> Am **Eingang der Neuen Festung** ⓭ vorbei und durch einen **Fußgängertunnel** erreicht man alsbald den Wochenmarkt. An jedem Stand werden die Waren lautstark angepriesen. Obst, Gemüse, frischer Fisch und allerlei mehr wird von den Korfioten kritisch begutachtet und auch probiert. Man hat den Eindruck, die Leute kaufen nichts, ohne es vorher eingehend auf Frische und Geschmack getestet zu haben.
>
> Liebhaber südländischer Märkte und lokaler Agrarprodukte sollten unbedingt über den Markt schlendern, um die geschäftige Atmosphäre zu erleben. Wer die Gelegenheit nutzen möchte, kauft auch gleich die Lebensmittel für das nächste Essen ein. Die ansässigen **Marktcafés** bieten sich für eine kleine Pause zwischendurch an.
>
> - **Wochenmarkt** <024> südwestlich der Neuen Festung in der Odos Spiridonos Vlaikou, geöffnet: Mo.–Sa. 6–14 Uhr

- **Corfu Sandals** <016> Filellinon 9. Handgemachte Sandalen in großer Auswahl. Damen, die beim Schuhkauf Wert auf Individualität legen, werden hier sicher fündig.
- **Icon Gallery** <017> Gilford 52, www.iconcraft.gr, geöffnet: tgl. 10.30–22.30 Uhr. Kleine Boutique-Galerie mit einem Angebot an Antiquitäten, handbemalten Ikonen und sonstiger sakraler Kunst von griechischen Künstlern.
- **Minimi by Corfu Glass** <018> Voulgareos Evg. 14, geöffnet: Mo.–Fr. 10–21 Uhr. Die Inhaber dieses Shops betreiben kreatives Upcycling. Altglas wird zu Schmuck und außergewöhnlichen Kunst- und Gebrauchsgegenständen verarbeitet.
- **The Land of Corfu** <019> Filarmonikis 25, www.thelandofcorfu.com. Großes Angebot an regionalen Bioprodukten und Naturkosmetik.
- **Vassilakis** <020> Odos Spiridonos 61, geöffnet: tgl. ab 9 Uhr. Inselspezialitäten aus der Zwergorange namens Kumquat bietet das Geschäft der Destillerie Vassilakis. Liköre und viele andere Produkte findet man hier in fast unerschöpflichen Variationen.

Nachtleben

Den Abend läutern die Korfioten gern auf der **Flaniermeile an der Esplanáda** ❷ ein, bevor sie später zur **Nightlife-Zone an der Uferstraße** gegenüber dem Fährhafen weiterziehen. Hier wartet eine große Anzahl an modernen Bars und Klubs auf die Nachtschwärmer. Geöffnet ist frühestens ab 22 Uhr, Events und Programme internationaler DJs beginnen meist erst ab Mitternacht. Kleinere Klubs und moderne Café-Bars mit guter Musik finden Besucher auch direkt in der **Altstadt**.

- **54 Dreamy Nights** <021> Ethnikís Andístasis 54, Facebook: 54DreamyNights. Danceklub mit angesagter Lightshow. Gespielt werden House, Hip-Hop, Mainstream und Greek Sounds.
- **Amaze Cafe Bar** <022> Faliráki-Komplex, Zugang über die Straße Odos Arseniou, Facebook: amazebarcorfu, geöffnet: tgl. ab 11 Uhr. Wunderbarer Standort auf der kleinen Landzunge nördlich der Alten Festung. Tagsüber trendiges Café und am Abend Klubatmosphäre mit vielen Events.
- **Polytechno** <023> Sholemvoúrgou 39, Tenedos, beim Eingangstor zur Neuen Festung, Tel. 2661027794, Facebook: polytechnocorfu. Angesagter Klub mit Live-Events, die gerne auch experimentellen Charakter haben.

Der Nordosten: Region Óros

Der Namensgeber für diese Region ist der höchste Berg (griech. Óros) der Insel: der Pantokrátor. Er befindet sich ungefähr im Zentrum des nordöstlichen Teils von Korfu. Viele Dörfer der Region haben sich an dessen Hängen und Ausläufern angesiedelt. Die fast kahle Gipfelumgebung bildet einen deutlichen Kontrast zum dicht bewaldeten Rest der Insel.

Die **Küstenstraße der Region** schlängelt sich vom an der Ostküste gelegenen Barbáti ❸ über die ehemals kleinen und verträumten Fischerdörfer Kalámi ㉗ und Kouloúra ㉘ über die Touristenzentren Kassiópi ㉕ und Acharávi ㉑ bis nach Róda ⓴ ganz im Norden der Insel. An Tavernen, Bars, Souvenirshops, Supermärkten und weiteren **touristischen Angeboten** mangelt es in den Orten entlang der Küste nicht.

Wer die **Ruhe und Ursprünglichkeit** der Insel kennenlernen möchte, macht sich auf in das **Landesinnere**. Nimmt man eine der unzähligen Abzweigungen zum **Pantokratormassiv** (s. Tagestour auf S. 38), wird man bei einer Fahrt über **Serpentinen** mit unbezahlbaren Ausblicken auf Epirus und Albanien im Osten belohnt und entdeckt außerdem kleine Dörfer und Weiler, die mit ihrem ursprünglichen Charme punkten. Besonders sehenswert ist sicherlich **Paleó Períthia** ㉞, das im 20. Jh. zu einem „**Geisterdorf**" wurde. Auch wenn mittlerweile mehrere Tavernen ansässig sind und der Ort tatsächlich nicht mehr allzu verlassen ist, lohnt sich ein Spaziergang durch die Berglandschaft mit ihrer einzigartigen Vegetation und dem wunderbaren Panorama. Gelegentlich fühlt man sich hier in eine andere, längst vergangene Zeit versetzt.

⓴ Róda ★ [C2]
Ρόδα

An der Hauptstraße zwischen Acharávi ㉑ und Sidári ㊳ liegt der **Küstenort** Róda. Entlang der Straße zur Strandpromenade reihen sich Lokale, Bars, Minimärkte und Souvenirgeschäfte aneinander. Auch Autovermietungen sowie Motorrad- und Fahrradverleihe sind ausreichend vorhanden.

An der **schönen Strandpromenade** angekommen, warten weitere Tavernen, Bars und Geschäfte auf die überwiegend britischen Urlaubsgäste. Die größeren internationalen Hotels haben sich außerhalb des Ortes angesiedelt. Dieses Gebiet erreicht man über die **Brücke** am Beginn der Strandpromenade. Ein Blick von dieser lohnt sich, denn hier kann man mit etwas Glück die **Europäische Sumpfschildkröte** entdecken. Der häufig hinabgeworfene Müll trübt allerdings das Vergnügen der Naturbeobachtung.

Der **Strand** in Róda ist recht breit und bietet allerlei **Wassersportangebote**. Am östlichen Strandende befindet sich ein Feld für Beachvolleyball. Vom Steg, der dort ins Meer führt, lassen sich die Sonnenuntergänge wunderbar genießen. Ein Spaziergang nach Acharávi am Meer entlang ist ebenfalls eine empfehlenswerte Unternehmung.

› **El Mar** €€ <025> Strandpromenade, Tel. 6977194097, geöffnet: tgl. ab 12 Uhr. Das junge Team vom El Mar präsentiert traditionelle Gerichte auf einfallsreiche Weise, hier wird Überliefertes neu interpretiert. Angenehme Atmosphäre und freundlicher Service bei einem exzellenten Preis-Leistungs-Verhältnis. WLAN verfügbar.

21 Acharávi ★★★ [D2]
Αχαράβη

Der Ort östlich von Róda 20 hat sich zu einem **beliebten Touristenzentrum** entwickelt und zieht alljährlich viele Urlauber an. Geprägt ist Acharávi durch die **langgezogene Hauptstraße** und die hier zu findenden Shops, Tavernen und Bars. In der Saison herrscht entlang der Durchgangsstraße rege Betriebsamkeit. Der erste Eindruck täuscht aber ein wenig, denn immer wieder führen **Stichstraßen zum Meer** und in ruhigere Ecken.

Acharávi besitzt eine sehr gute Infrastruktur. Neben touristischen Einrichtungen findet man an der Hauptstraße Supermärkte, Bäcker, Apotheken und Ärzte. Das interessante **Volkskundemuseum** 22 ist einen Besuch wert. Acharávi profitiert von seiner Lage im Norden der Insel Korfu, denn von hier lässt sich gut ein Ausflug in das ursprüngliche Hinterland mit dem **Pantokratormassiv** (s. S. 38) unternehmen.

22 Volkskundemuseum Acharávi ★ [D2]
Λαογραφικό Μουσείο Αχαράβης

Das 2008 gegründete Volkskundemuseum birgt auf rund 1000 m² eine sehenswerte Schau über die verschiedensten Einflüsse auf die **korfiotische Kultur** in der Vergangenheit. Der engagierte Museumsgründer, der die Bestände der Ausstellung in 25-jähriger Arbeit liebevoll sammelte und aufbewahrte, hat es sich zur Aufgabe gemacht, dieses Erbe zu erhalten und zu fördern.

Neben Schriftstücken, **Fotos** und einer **Münzsammlung** finden sich hier traditionelle **Trachten** und historisches **Spielzeug**, außerdem Gebrauchsgüter und Handwerksgegenstände, die Zeugnis der beschwerlichen landwirtschaftlichen Arbeit sind, beispielsweise traditionelle **Ölpressen**. Besichtigen lassen sich ferner verschiedene Räume mit historischem Mobiliar. Besonders erwähnenswert ist das im Untergeschoss ausgestellte **historische Schattentheater** (s. S. 37).

› **Anfahrt**: von Acharávi auf der Hauptstraße Richtung Róda folgen, das Museum befindet sich auf der rechten Straßenseite
› Odos Kassiopis – Sidariou, www.museum-acharavi.com, geöffnet: Mo.–Sa. 10–14 Uhr, Eintritt: 3 €

Strände

Die Beliebtheit des Ortes Acharávi beruht sicherlich auch auf dem mehrere Kilometer langen Strand. Dieser ist breit und besteht meist aus einem **Sand-Kies-Gemisch**. Bei den hier ansässigen Hotels kann man etliche **Wassersportangebote** nutzen, auch die Auswahl an Lokalen ist groß. Begibt man sich etwas abseits der Hotels, finden sich auch ruhige Strandabschnitte. **Strandspaziergän-**

Das Volkskundemuseum Acharávi gewährt spannende Einblicke in die korfiotische Vergangenheit

ger kommen in Acharávi auf jeden Fall auf ihre Kosten.

In östlicher Richtung schließt sich die **Küste von Almirós** (**Almiros Beach**) an, wo man in Tavernen in direkter Strandlage einkehren kann. Hier wird der Strand immer sandiger. Richtung Róda ⓴ geht er dann in ein grobes Kies-Stein-Gemisch über.

Parkmöglichkeiten sind bei den einzelnen Strandabschnitten in ausreichender Zahl vorhanden.

Unterkünfte

Die meisten Hotelanlagen, Apartments und Ferienwohnungen liegen abseits der Hauptstraße entweder **direkt am Meer** oder in unmittelbarer Nähe vom Wasser in einer der kleinen **Zufahrtsstraßen.**

› **Acharavi Beach Hotel** €€€ <026> zweite Stichstraße zum Strand aus Richtung Kassiópi, http://acharavibeach.com. **Gepflegte Strandunterkunft:** Das Hotel verfügt über Bungalows, Studios und Apartments und besticht durch seine Lage direkt am Strand von Acharávi. Mit Restaurant, Café-Bar, Pool und Spielplatz.

› **St. George's Bay Country Club** €€€€ <027> Einfahrtstor zum Strand direkt am Ortseingang aus Kassiópi kommend, www.country-club.cc. **Weitläufige Anlage mit viel Komfort:** Sehr geschmackvolles Feriendomizil vor allem für Ruhe suchende Urlauber. Die Apartmenthäuser im Inselstil sind ein Musterbeispiel für die architektonische Anpassung an Landschaft und venezianische Vergangenheit.

Essen und Trinken

› **Alegria Tapas Restaurant** €€ <028> am Ende der Hauptstraße Richtung Róda auf der linken Straßenseite, Tel. 2663064844, geöffnet: tgl. ab 18 Uhr. Griechische Tapas (*mezedes*) werden in großer Vielfalt angeboten und auch Vegetarier werden fündig. Gemütliches Ambiente und sehr freundlicher Service bei gutem Preis-Leistungs-Verhältnis. Wer sich durch die Lage direkt an der Hauptstraße nicht gestört fühlt, kann das Konzept der „kleinen Gerichte" hier genießen.

› **Skondros Taverna** €€ <029> Strandstraße Nr. 8, Tel. 2663063048, Facebook-Seite, geöffnet: tgl. ab 10 Uhr. Familienbetrieb direkt am Strand von Acharávi. Gutes Essen, zuvorkommende Bedienung und eine Top-Lage, vor allem am Abend zum Sonnenuntergang. Liebhaber von Innereien sollten die Lebergerichte probieren. WLAN.

› **Taverna Bar George** €€€ <030> am Strand östlich von Almirós, Tel. 2663063753, Facebook-Seite, geöffnet: tgl. ab 11

KURZ & KNAPP

Das griechische Schattentheater

Schattentheater und besonders die Figur des **Karagiozis** sind in Griechenland zwar nicht mehr so populär wie einst, aber durchaus noch ein Begriff. Karagiozis stellt einen armen, schlitzohrigen Gauner dar, der auf spitzbübische Weise und mit allerhand Streichen versucht, an Geld zu kommen und seine Familie zu ernähren.

Die bis zu 40 cm großen Puppen haben die Form flacher **Scherenschnitte** und bestanden früher aus dünnem Leder. Heute sind sie meist aus Pappe gefertigt. Die Leinwand wird von hinten angestrahlt, sodass sich die Figuren als lebendige Schatten präsentieren. Die Einzelteile der Puppen sind mit Schnüren verbunden und an Stöcken befestigt. Der Puppenspieler kann so mit großer Fingerfertigkeit mehrere Puppen gleichzeitig bewegen.

Damals wie heute liegt der Sinn und Zweck des Schattentheaters darin, sich über die Regierung und die Reichen lustig zu machen.

Eine Tagestour zum Pantokrátor

*Tipp: Sofern man die Tour im Frühjahr oder Herbst unternehmen möchte, sollte man vorsichtshalber eine **Jacke** mitnehmen. Auf dem Gipfel des Pantokrátor (906 m) können die **Temperaturunterschiede** zur geschützten, sonnenverwöhnten Küste aufgrund des kühlen Windes erheblich sein.*

Die Korfioten nennen ihren höchsten Berg den „Allesbeherrscher". Im 5. Jh. war er Schauplatz von heftigen Bürgerkriegen. Das **Kloster Ypsilós Pantokrátoras** auf dem Gipfel wurde im Jahre 1374 von Bewohnern der umliegenden Dörfer errichtet. Man vermutet, dass es 1537 von den Türken zerstört wurde, doch die Bewohner bauten es 1689 wieder auf. Dem einschiffigen Bauwerk der heutigen Klosterkirche sind an den Seiten Mönchszellen angegliedert. Ikonenwand und Seitenaltar werden auf das 18. Jh datiert. Jedes Jahr am 6. August wird hier eine **Kirchweihe** (s. S. 98) gefeiert, dann pilgern viele Gläubige zum Kloster.

War die **Anfahrt** zum Pantokrátor bis vor einigen Jahren noch ein Abenteuer, so kann man heute direkt bis zum Gipfel fahren. Dennoch bietet es sich an, stattdessen eine kleine **Wanderung** zum Gipfel zu unternehmen. Der **einmalige Panoramablick**, der einen oben erwartet, entschädigt für die Mühe des Aufstiegs: Im Osten sind die Küsten von Epirus und Albanien zu sehen, im Norden kann man die ganze Breite Korfus bewundern, im Nordwesten tauchen die Diapontischen Inseln Othoní, Erikoúsa und Mathráki auf, im Westen sieht man den breiten Bergrücken der Insel und im Süden wird Korfu immer spitzer und schmaler.

Die Fahrt von der Küste auf Korfus höchsten Berg ist sehr abwechslungsreich und bietet unzählige Aussichten, die den Atem stocken lassen. **Startpunkt** ist **Acharávi** ❷❶ im Norden der Insel. Am Ortseingang führt eine gut ausgebaute Straße nach Ágios Martínos. Hier ist der Weg in Richtung **Láfki** und zum Pantokrátor bereits ausgeschildert. Kurz vor dem kleinen Ort Láfki kann man den Ausblick zurück auf die Nordküste genießen. Direkt an der Durchgangsstraße fällt ein einfallsreich gestalteter Verkaufsstand mit Antiquitäten auf. Sofern man dort anhält, erscheint bald ein netter, alter Herr und macht auf sein Angebot lokaler Produkte aus eigener Produktion (Honig, Kräuter etc.) aufmerksam. Die Weiterfahrt gestaltet sich durch die genaue Beschilderung einfach. Erst bei **Petáleia** gabelt sich der Weg und führt weiter zum Gipfel des Pantokrátor.

In der Hauptsaison und bei entsprechenden Besucherströmen kann das **Parken** rechts und links der steilen Zu-

◁ *Angekommen auf dem höchsten Gipfel der Insel*

Der Nordosten: Region Óros

fahrt gelegentlich etwas nervenaufreibend sein. Wer sich nicht scheut, die letzte Wegstrecke zu Fuß zurückzulegen, kann das Fahrzeug auch weiter unterhalb des Gipfels abstellen. Nach einem ausgiebigen Rundgang und einer Besichtigung der Klosterkirche besteht die Gelegenheit, im **Café** *beim Eingang zum Klostergelände eine Pause einzulegen.*

Wer es vorzieht, eine traditionelle Taverne zu besuchen, sollte sich noch kurz gedulden. Der Weg zurück führt über die Straßengabelung bei Petáleia nach **Strinílas** ㉝. *Dort lässt sich in der* **A La Palea Taverna** *(s. S. 46) vortrefflich speisen. Die Tour führt nach ausgiebiger Rast weiter abwärts über* **Spartílas** ㉜. *Die kurvenreiche Strecke präsentiert sich mit herrlichen Panoramablicken auf die Ostküste, bis man bei* **Pirgí** *[D3] auf die Küstenstraße trifft. Weiter Richtung* **Barbáti** ㉛ *führt die Straße entlang einer schönen Küstenlandschaft zum Ausgangspunkt Acharávi zurück.*

Unterwegs kann man sich entscheiden, ob man die Küstenstraße kurz verlässt, um einem der am Meer gelegenen Orte einen Besuch abzustatten. Lohnenswert ist ein **Abstecher** *an die Doppelbucht von* **Kalámi** ㉗ *und* **Kouloúra** ㉘*, an Hafen und Bucht von* **Ágios Stéfanos Siniés** ㉖ *sowie nach* **Kassiópi** ㉕ *mit seinem sehenswerten Hafen und der Festungsanlage. Wer Eiscreme und Waffeln liebt, fährt weiter Richtung Acharávi zu der empfehlenswerten Eisdiele* **Ice Dream** *(s. S. 41) in* **Néa Períthia** ㉔. *Den Tag kann man wunderbar im* **Jelatis Restaurant** *(s. S. 41) bei korfiotischen Speisen ausklingen lassen.*

Uhr. Familienbetrieb am Strand von Almirós. George und Sohn Alexandros bewirten die Gäste und beraten auch deutschsprachig zur Speisenauswahl. Sehr guter Fisch und immer mal wieder Abwechslung in der Speisekarte. Äußerst schmackhaft sind die Auberginenröllchen *(bourekákia)* und die Reisnudeln mit Safran, Pilzen und Garnelen. WLAN.

› **The Pumphouse Restaurant** €€€ <031> direkt am Rondell, Tel. 266306327, www.pumphousecorfu.com, geöffnet: tgl. ab 12 Uhr. Das wohl traditionsreichste Restaurant in Acharávi. Freundlicher Service und eine große Auswahl an einfallsreichen griechischen und lokalen Gerichten.

› **Zephyros Taverna** €€ <032> zwischen Hauptstraße und Strand von Almirós, Tel. 2663063768, www.zephyrostaverna.com, geöffnet: tgl. ab 10 Uhr. Typisch griechische Landküche von guter Qualität und zum Teil mit Zutaten aus eigenem Anbau. Umgeben von einem schön angelegten Garten speist man hier in angenehm ruhiger Atmosphäre. WLAN.

Einkaufen

› **Juwelier Meandros** <033> Hauptstraße, schräg gegenüber der Alpha Bank, Tel. 2663063858, geöffnet: tgl. 10.30–13.30 u. 17.30–22.15 Uhr. Große Auswahl an in Handarbeit hergestelltem Gold- und Silberschmuck sowie ausgefallene Einzelstücke griechischer Künstler.

› **Olive Wood Shop Corfu** <034> Straße beim Supermarkt Dimitra in Richtung Strand, https://olivewoodshopcorfu.com/de, geöffnet: tgl. ab 10 Uhr. Bereits seit 1998 betreiben Polychronis und seine Frau Paulien den Shop in Acharávi mit einer sehr großen Auswahl an hübschen Kunst- und Gebrauchsgegenständen, Dekoobjekten und Spielzeug aus Olivenholz. Sofern Polychronis Zeit hat,

gibt er interessierten Besuchern gern Einblick in die Fertigung seiner Produkte.
> **Pretty Woman** <035> Hauptstraße, neben der Tauros Market und nahe der Alpha Bank, Tel. 6946911013, geöffnet: Mo.–Sa. 10–13 u. ab 18 Uhr. Die Berlinerin Mabel hat Korfu zur Wahlheimat gemacht und hält in ihrem Laden attraktive Mode für Damen bereit, auch in großen Größen. Hier wird schöne Kleidung abseits der üblichen Touristenshirts angeboten.

㉓ Ágios Spirídon ★★ [E1]
Άγιος Σπυρίδων

Die Straße zwischen Kassiópi ㉕ und Acharávi ㉑ zweigt nach Ágios Spirídon ab. Der Weg führt vorbei an wenigen Wohnhäusern und einigen Ferienunterkünften sowie einem Minimarkt. Mit Ausnahme des internationalen Großhotels am Strand gibt es in diesem Gebiet vorwiegend Ferienhäuser.

Der **Sandstrand** von Ágios Spirídon mit der gleichnamigen **Kapelle** (keine Besichtigung möglich) ist auch bei Einheimischen beliebt und in der Hauptsaison gut besucht. Namenspatron für Ort und Kapelle ist der Schutzheilige der Insel Korfu, **St. Spiridon** (s. S. 25). Am Strand werden Strandliegen und Sonnenschirme vermietet. Mittlerweile kann man hier zudem **Motorboote** für einen **Bootsausflug** ausleihen.

Eine kleine **Brücke** am Strand führt über die Mündung der **Antinióti-Lagune**, die als wichtiges Feuchtbiotop unter Naturschutz steht. Naturfreunde werden hier auf ihre Kosten kommen, denn die Lagune ist Lebensraum vieler seltener Vogelarten. Natürlich fühlen sich hier auch etliche Reptilien und kleine Säugetiere wohl. Von der Lagune führt ein schöner Weg bis zum nördlichsten Punkt der Insel, dem Leuchtfeuer beim **Kap Ekateríni** (s. Wanderung 2 auf S. 93).

Folgt man in entgegengesetzter Richtung dem Weg entlang der Hotelanlage, gelangt man an einen weiteren **kleinen Strand**, der leider häufig von Seetang überspült wird. Gegenüber befindet sich das Restaurant **Pyramid** mit Musikbar und angeschlossenem Adventure Park für Kinder (u. a. mit Minigolfanlage und Gokarts).

Essen und Trinken
> **Hellas Taverna** €€ <036> Zufahrtsstraße zum Hauptstrand, direkt am Meer, Tel. 6957941932, geöffnet: Mai–Okt. tgl. 9–23 Uhr. Das Lokal hat 2016 in bester Lage die Pforten geöffnet und bietet gute griechische und internationale Küche mit Blick aufs Wasser. Schmackhafte Fischspeisen.
> **Pyramid Restaurant Cafe** €€ <037> am kleinen Strand, Tel. 2663098495, www.corfupyramid.com, geöffnet: Mai–Okt. tgl. ab 10 Uhr. Modernes Restaurant mit Strandbar und Adventure Park unmittelbar am Meer. WLAN.

㉔ Néa Períthia ★ [E1]
Νέα Περίθεια

Der kleine Ort Néa Períthia liegt unweit der Küstenstraße zwischen Kassiópi ㉕ und Acharávi ㉑. Hier findet man noch **Ruhe** und **griechische Gelassenheit**. Lediglich einige Wohnhäuser, zwei Minimärkte, zwei Tavernen und das obligatorische Kafeníon, ein Kaffeehaus, das als typischer Männertreff dient, zieren den Ort.

In der Hauptsaison herrscht etwas mehr Betrieb, da viele Ausflügler Néa Períthia auf ihrem Weg nach Paleó Períthia ㉞ durchfahren. Eine Stippvi-

Der Nordosten: Region Óros 41

EXTRATIPP

Ausflug zur Höhle bei Loútses

Östlich des Bergdorfes Loútses [E2] befindet sich eine sehenswerte Höhle. Man fährt von Néa Períthia ㉔ kommend nach Loútses bis fast zum Ortsende und folgt den kleinen **Schildern mit der Aufschrift „Cave"**. Der **asphaltierte Weg** führt bis kurz vor die Höhle, sodass nur noch ein kurzer **Fußweg** bis zum Ziel zu bewältigen ist. **Gutes Schuhwerk** ist dennoch ein Muss, da es sich um einen steinigen und steilen Pfad handelt.

Beim **Abstieg** ist große Trittsicherheit erforderlich: Aufgrund der hohen Luftfeuchtigkeit kann der Boden recht **glitschig** sein und es besteht Sturzgefahr. Belohnt wird man mit einer eindrucksvollen Atmosphäre inmitten **kreischender Krähen** und **tropfender Stalaktiten**. Wer ein Liedchen trällert, erlebt eine außergewöhnliche Akustik. Glaubt man Überlieferungen, war die Höhle bereits in prähistorischen Zeiten bewohnt und ein unterirdischer Fluss führte hindurch.

site lohnt sich hier wegen der beiden guten **Tavernen** mit traditioneller korfiotischer Küche.

Essen und Trinken

› Ice Dream €€ <038> gegenüber der Zufahrt nach Néa Períthia, Tel. 2663098200, geöffnet: tgl. ab 10 Uhr. Die Eisdiele bietet neben allerhand Kaffeevariationen beste Eiscreme und wunderbare Waffelkreationen für Naschkatzen. WLAN.

› Jelatis Restaurant €€ <039> direkt an der kleinen Durchgangsstraße, Tel. 2663098550, www.facebook.com/ JelatisRestaurant, geöffnet: tgl. ab 9 Uhr. Traditionelle korfiotische Küche, stets frisch zubereitet. Sehr beliebt bei Stammgästen ist das Lamm aus dem Ofen. Trinkwasser, schmackhaftes Pitabrot und ein kleiner Nachtisch werden als kostenfreier Service des Hauses gereicht. Der Wirt erfüllt nach Möglichkeit alle Wünsche seiner Gäste. WLAN.

› Taverna Harry's €€ <040> direkt an der kleinen Durchgangsstraße, Tel. 2663098344, www.facebook.com/ Tavernaharrys, geöffnet: tgl. ab 9 Uhr. Seit 1980 wird das Lokal als traditionelle Familientaverne betrieben. Hier setzt man auf typisch korfiotische Rezepte, die sehr schmackhaft und teilweise in modernen Abwandlungen zubereitet werden. WLAN.

㉕ Kassiópi ★★ [F2]

Κασσιόπη

Kassiópi ist eines der **touristischen Zentren** der Region Óros und besonders beliebt bei britischen Touristen. In der Hauptsaison ist es hier entsprechend belebt, von „Partytourismus" ist man jedoch weit entfernt.

In Kassiópi stehen vorwiegend kleinere Apartmentanlagen als Unterkunft zur Verfügung, Großhotels sind Fehlanzeige. In den letzten Jahren entstanden an dem Rundweg, der am Hauptstrand beginnt, etliche eindrucksvolle Ferienvillen. Entlang der Straße erstrecken sich **Tavernen, Bars, Minimärkte** und **Souvenirläden** bis zum **sehenswerten Hafen**, der wohl zu den schönsten der Insel zählt. Rundherum schließen sich weitere touristische Angebote an. Im Wasser schaukeln bunte Boote und die **Ausflugsdampfer** tuckern ein und aus. Bei den örtlichen Tourismusbüros lassen sich z. B. Bootstouren nach Korfu-Stadt oder Tagesausflüge zu Stränden buchen. Auch **Motorboote** für eine Tour auf eigene Faust rund um die reizvolle Küstenregion lassen sich hier direkt am Hafen mieten (Details s. S. 91).

Der Nordosten: Region Óros

Neben dem schönen Hafen sind die **Kirche Panagía Kassopítra** (Kirche der Heiligen Jungfrau Kassiopitra) und die **Reste der alten Festung** sehenswert. Die Kirche war einst sehr bedeutend und birgt Fresken aus dem 17. Jh. Gegenüber vom Gotteshaus führt ein Weg zu den Ruinen der Burg. Die Ursprünge der Festung sind nicht klar belegt. Bei Ausgrabungen wurden Münzen aus der Zeit der byzantinischen Kaiser entdeckt, was auf ein ursprünglich byzantinisches Bauwerk hindeutet. Geschätzt wird, dass es auf das 6. Jh. zurückgeht. 1386 wurde die heutige Festung von den Venezianern auf den Resten der alten Anlage erbaut. Die Festung wurde in den letzten Jahren renoviert, ein schöner **Rundweg** bietet sich für einen Spaziergang an. Beim Erklimmen der Festung eröffnen sich immer wieder **traumhafte Ausblicke** auf Kassiópi und den schönen Hafen.

Kassiópi war während der römischen Epoche neben Kérkyra die wichtigste Stadt der Insel. So sollen z. B. römische Kaiser den Ort häufig besucht haben. **Kaiser Nero** hat im damaligen **Zeus-Heiligtum** Gedichtvorlesungen veranstaltet und selbst zu Ehren des Göttervaters ein Lied

> **EXTRATIPP**
>
> **Die Unterwasserwelt in Kassiópi mit der „Corfu Sea Discovery" entdecken**
>
> Seit 2017 bietet der 50-minütige Trip mit dem Boot die Möglichkeit, die Unterwasserwelt vor Kassiópi ㉕ zu beobachten. Die Fahrgäste sitzen an großen Sichtfenstern unter Wasser und an mehreren Haltepunkten locken Taucher die Meeresbewohner an. Die Sea Discovery startet in der Saison am Hafen zwischen 10 Uhr und 18 Uhr zu jeder vollen Stunde.
> › Tel. 6977409246, Erwachsene 10 €, Kinder 5 €

Der hübsche Hafen in Kassiópi ㉕ mit Aussicht auf die Festung im Hintergrund

Der Nordosten: Region Óros

gesungen. Es wird vermutet, dass an der Stelle des ehemaligen Tempels heute die Kirche Panagía Kassopítra steht.
› **Kirche Panagía Kassopítra,** Zugang von der Hauptstraße kurz vor dem Hafen, unregelmäßig geöffnet
› **Festung von Kassiópi,** Zugang zum Fußweg gegenüber der Kirche, frei zugänglich

Strände

Die Strände **Batania Beach, Pipito Beach** und **Kanoni Beach** liegen etwas außerhalb von Kassiópi. Vom Hafen führt ein Weg in nordöstlicher Richtung zu diesen schönen Buchten unterhalb der Ruine der Festung. Der **Hauptstrand** von Kassiópi liegt hingegen weniger schön in unmittelbarer Nähe der Küstenstraße.

Etwa 2 km südlich von Kassiópi trifft man auf den langen **Avlaki Beach.** Hier geht es noch recht ruhig zu, denn bis auf wenige Tavernen und einige Wassersportmöglichkeiten gibt es an dem ca. 500 m langen **Kiesstrand** keine touristischen Angebote. Kristallklares Wasser empfängt hier die Freunde von Kiesstränden. Direkt am Strand stehen ausreichend **Parkplätze** zur Verfügung.

㉖ Ágios Stéfanos Siniés ★★ [F2]

Άγιος Στέφανος Σινιές

Von der Küstenstraße zweigt die Straße bei Agnítsini in Richtung Ágios Stéfanos Siniés ab. Bereits die Anfahrt auf kurvenreicher Strecke bietet eine **wunderbare Aussicht** auf Albanien, das nur ungefähr zwei Kilometer entfernt ist, und hinunter auf den **kleinen Hafen,** der eine beliebte Anlaufstelle für Segeljachten ist.

Einige **Tavernen und Läden** direkt am Strand empfangen die vielen Urlauber, die es in der Saison hierherzieht. Ein schmaler **Kiesstrand** lädt zum Schwimmen ein, wobei es auf Korfu sicher schönere Badeplätze

Wunderbar gelegen: der kleine Hafen in Ágios Stéfanos Siniés

Lawrence und Gerald Durrell

Lawrence Durrell (1912-1990) begab sich 1935 mit seiner Ehefrau und seinen Geschwistern auf den Weg nach Korfu. Im Haus eines alten Fischers in der Bucht von Kalámi ❷❶ führte er ein einfaches Leben und widmete sich dem Schreiben. Hier sammelte er literarische Erfahrungen und knüpfte erste Briefkontakte zu Henry Miller. Ein reger Briefwechsel entwickelte sich und im Sommer 1939 besuchte Miller seinen Freund schließlich in Kalámi. Seit diesem Besuch war die Freundschaft der beiden Schriftsteller noch enger. Lawrence Durrell veröffentlichte 1945 sein Buch „Prospero's Cell", das 1963 unter dem Titel „Schwarze Oliven" auf Deutsch erschien. Jeder Korfu-Fan kennt dieses Buch, dessen Inhalt eine einzige Liebeserklärung an das griechische Eiland ist.

Der Bruder Gerald Durrell (1925-1995) war auch als Autor tätig. Sein amüsantes autobiografisches Werk trägt den Titel „My Family and Other Animals" („Meine Familie und anderes Getier", 1958). Darin beschreibt er auf humorvolle Weise die faszinierende Tierwelt Korfus und entdeckte dadurch seine Liebe zur Fauna. Sein Buch wurde später von der BBC verfilmt und läuft gelegentlich unter dem Titel „Wilde Zeiten auf der Insel" mit Untertiteln im deutschen Fernsehen: sehr kurzweilig und unbedingt empfehlenswert!

Der britische Privatsender ITV hat die Familiensaga unter dem Titel „The Durrells" neu verfilmt. Die Serie läuft erfolgreich im britischen Fernsehen, sodass 2018 bereits die dritte Staffel auf Korfu gedreht wurde.

gibt. Trotz des regen Betriebs in der Saison lohnt sich ein Besuch schon allein wegen der schönen Anfahrt und des malerischen Hafens.

❷❶ Kalámi ★★ [F3]
Καλάμι

Die **Bucht von Kalámi** im Nordosten der Insel ist vor allem durch das **White House** bekannt. Hier lebte der britische Schriftsteller **Lawrence Durrell** (siehe links) in den Jahren 1935 bis 1940 und schrieb den Roman „Schwarze Oliven" – für Korfu-Liebhaber eine Pflichtlektüre. Das ehemalige Wohnhaus beherbergt heute eine **Taverne**, eine **Plakette** am Eingang erinnert an den jungen Durrell. Zu Zeiten des Schriftstellers war Kalámi ein kleines Fischerdorf. Hiervon ist heute nichts mehr zu spüren. Ferienvillen sowie Hotel- und Apartmentanlagen an den Hängen der Bucht zeugen vom Trubel, der hier in der Hochsaison herrscht. Die meisten Unterkünfte werden von britischen Veranstaltern vermittelt.

Der **grobkörnige Sandstrand** ist ein **beliebter Badeplatz** und in der Saison gut besucht. Nahe des White House lassen sich Motorboote mieten. Besonders an den Wochenenden herrscht Hochbetrieb.

❷❽ Kouloúra ★★ [F3]
Κουλούρα

Kouloúra bildet zusammen mit Kalámi ❷❶ eine **Doppelbucht** und der Blick auf den kleinen Hafen ist lohnenswert. Wer zum Hafenbecken möchte, um von dort die Aussicht zu genießen, sollte oberhalb parken, denn am Hafen selbst gibt es keine Wendemöglichkeit. Unten gibt es eine nette Taverne und einen Landsitz aus dem

Der Nordosten: Region Óros

16. Jh, der allerdings in Privatbesitz ist und nicht betreten werden kann. Von hier eröffnet sich ein **herrlicher Blick** auf die **felsige Ostküste**.

㉙ Agní ★★ [F3]
Αγνή

Von der Hauptstraße zwischen Nissáki ㉚ und Kéntroma führt eine schmale Straße in die kleine **Bucht von Agní**. Am Ortseingang gibt es einen gebührenpflichtigen Parkplatz. Nach Agní kommen Reisende vor allem wegen der **beliebten Tavernen** direkt am **kleinen Kiesstrand**, die stets fangfrischen Fisch im Angebot haben.

› **Taverna Agni** €€ <041> direkt am Strand, Tel. 2663091142, http://taverna-agni.com, geöffnet: tgl. ab 12 Uhr. Weithin bekannte Taverne in der Bucht von Agní mit dem Schwerpunkt auf Fisch und Meeresfrüchten. Im Hochsommer wird eine Reservierung empfohlen, da am hauseigenen Steg häufig kleine Boote festmachen, die hungrige Gäste an Bord haben.

㉚ Nissáki ★ [E3]
Νησάκι

Der **weit verzweigte Ort** liegt an der Nordostküste zwischen Barbáti ㉛ und der Abzweigung nach Agní ㉙. Der eigentliche Hauptort an der Küstenstraße besteht aus wenigen Häusern und einigen touristischen Angeboten wie Souvenirshops und Auto- bzw. Motorrollervermietern. An der Küste zwischen Ort und Meer befindet sich ein in den Hang gebautes Großhotel.

Aufgrund seiner Lage mit dem Pantokratormassiv im Hintergrund ist Nissáki der ideale Ausgangspunkt für **Wanderungen**. Auch kürzere Küstenwanderungen zu den bekannten Fischtavernen in Agní bieten sich an. **Bademöglichkeiten** gibt es an mehreren kleinen Felsbuchten mit Kieselstränden.

㉛ Barbáti ★ [E3]
Μπαρμπάτι

Barbáti liegt an der steilen **Nordostküste Korfus**, am Fuße des Pantokrátor. Rege Bautätigkeit in den letzten Jahren brachte viele neue **Apartmenthäuser** hervor. Der Ort liegt direkt an der viel befahrenen Küstenstraße, was dem Tourismus bisher

Die steile Nordostküste bei Barbáti – ein Traum in Grün und Blau

allerdings keinen Abbruch tat. Zwischen Küstenstraße und Meer findet sich die Mehrzahl der Unterkünfte.

Stichstraßen führen zum **Kieselstrand** von Barbáti – hier entgeht man dem Trubel an der Küstenstraße und kann im **kristallklaren Wasser** baden. Dieses Gebiet ist auch für Schnorchler interessant. In der Saison gibt es hier ein umfangreiches Angebot an **Wassersportmöglichkeiten**. **Parken** kann man am Ende der Zufahrtsstraßen zum Strand.

32 Spartílas ★★ [D3]
Σπαρτίλας

Das **reizvolle Dorf** liegt südlich von Strinílas 33 und schmiegt sich ca. 400 m über dem Meeresspiegel an die südwestlichen Hänge des **Pantokratormassivs** (s. S. 38). Wer alte Dörfer mit ihren Gassen und Winkeln schätzt, sollte hier einen kleinen Spaziergang unternehmen. Orte wie Spartílas kann man fast als lebendige **Freiluftmuseen** bezeichnen. Die engen Gassen zeugen von der Zeit, als der **Esel** noch das wichtigste Transportmittel für die Bewohner war. Abseits der heutigen Durchgangsstraße sind die Wege zwischen den Häusern gerade einmal so breit, dass es für einen Esel mit Last ausreichte. Heute zieren Blumentöpfe und bepflanzte Balkone die Sträßchen. Man entdeckt immer wieder Zeugnisse der **typischen Inselarchitektur**, etwa alte Steinhäuser mit Außentreppe und überdachtem Balkon, von dem aus die Wohnräume betreten wurden, oder Mauerbögen aus Sandstein zwischen den Häusern.

33 Strinílas ★★ [D3]
Στρινύλας

Das **Gebirgsdorf** an der **Westflanke des Pantokrátor** (s. S. 38) wird von vielen Touristen auf dem Weg zum höchsten Berg der Insel durchfahren. Der **Name** geht vermutlich auf das altgriechische Wort *strínis* („hart") zurück, da die Steine und Felsen *(strinária)* in diesem Gebiet besonders fest und beständig sein sollen. Es empfiehlt sich, hier auf dem Weg zum Pantokrátor eine Zwischenstation einzulegen und in einer der schön gelegenen **Tavernen** zu rasten.
> **A La Palea Taverna** €€ <042> Tel. 2663072622, http://facebook.com/

alaPalea, geöffnet: tgl. ab 12 Uhr. Urige Taverne am Ortsausgang von Strinílas, in der Produkte aus dem eigenen Garten zu lokalen Köstlichkeiten verarbeitet werden. Am Wochenende auch stark von Einheimischen frequentiert.

❸❹ Paleó Períthia ★★★ [E2]
Παλαιό Περίθεια

Das venezianische Bergdorf Paleó Períthia (Alt-Perithia) ist heute ein beliebtes Ausflugsziel auf Korfu. Ungeachtet des regen Betriebs in der Hochsaison lässt sich bei einem Spaziergang durch das Dorf die Lebensweise der Menschen in früherer Zeit nachempfinden.

Damals war Paleó Períthia sehr wohlhabend und Hauptort der Gemeinde Kassiópi. Die meisten Häuser wurden zwischen dem 15. und 17. Jh. erbaut. Erst Mitte des 20. Jh. wurde der Ort zum „Geisterdorf": Nach dem Ende der Piratenüberfälle und der Abnahme der Malariagefahr in Meeresnähe verließen die Bewohner nämlich die abgelegenen Berge und zogen wieder zurück in die Küstenregion.

In den letzten Jahren standen einige Häuser zum Verkauf und es wurde begonnen, die alten Häuser zu renovieren. So kehrt ein wenig Leben in den Ort zurück. Zum Teil gut erhaltene **Bauernhäuser** aus venezianischer Zeit, kleine **Kirchen** und **verlassene Ruinen** gilt es hier zu entdecken. Fotografen finden im Wechsel der Lichtverhältnisse wunderbare Motive.

In der Hauptsaison sollte man den Ort in den **frühen Morgenstunden** oder am **Spätnachmittag** besuchen, um den Touristenströmen und organisierten Jeeptouren zu entgehen. Ein Rundgang vorbei an den Tavernen verspricht Abwechslung. Ein befestigter **Rundweg** führt um das Dorf herum und vorbei an einem Garten mit vielen **Bienenstöcken**. Der naturreine **Honig** wird hier an Ort und Stelle verkauft. Folgt man dem Rundweg, hat man einen sehr schönen Blick über das Dorf. Im Frühjahr ist die Bergwelt rund um Paleó Períthia aufgrund der Vegetation besonders beeindruckend.

Unterkunft
› **The Merchant's House** €€€€ <043> unmittelbar am Dorfeingang, www.merchantshousecorfu.com. **Exklusive Suiten in authentisch restaurierten Gebäuden:** Die liebevoll gestaltete Einrichtung verbindet venezianische Vergangenheit und moderne Annehmlichkeiten. Die Besitzer Mark und Saskia haben in dem alten Bergdorf ein luxuriöses Kleinod für Ruhe suchende Paare geschaffen und sorgen persönlich für das Wohl der Gäste aus aller Welt.

Essen und Trinken
› **O Foros** €€ <044> am alten Dorfplatz (ausgeschildert), Tel. 6955950459, geöffnet: tgl. ab 11 Uhr. Wirt Thomas bietet typisch korfiotische Hausmannskost in absolut uriger Atmosphäre. Das Lokal versprüht die Ursprünglichkeit einer typisch griechischen Dorftaverne, hier wurde nichts verändert. Gespeist wird unter einem Dach aus wilden Weinreben. Fast schon legendär ist der selbst gebackene Walnusskuchen, der oft als Nachtisch gereicht wird.

◁ *Durch das Bergdorf Paleó Períthia haucht noch der Geist der venezianischen Zeit*

Der Nordosten: Region Óros

EXTRATIPP

Wasserfall von Nímfes

Folgt man in Nímfes ⓴ mit dem Auto der Straße, die links hinter dem Dorfplatz an einem Fußballfeld vorbeiführt, erreicht man nach einigen Kilometern den Wasserfall. Er lohnt besonders im Frühjahr einen Besuch, in den Sommermonaten ist er ausgetrocknet. Am zunächst unscheinbaren Wasserfall angekommen, kann man das Fahrzeug direkt in einer Ausbuchtung an der Straße parken. Geht man den Weg etwa 50 m zurück, erkennt man rechter Hand den **Fußpfad**, der über eine **Naturtreppe** hinunter in die kleine Schlucht unterhalb des Wasserfalls führt. Ein verwunschener und spektakulärer Anblick, wenn der Wasserfall im zeitigen Frühjahr und nach ausgiebigen Regenfällen genug Wasser führt.

Nach dem Besuch folgt man mit dem Fahrzeug der gut befahrbaren Straße und genießt nach kurzer Zeit einen schönen Blick auf das **Bergdorf Epískepsi**. Es empfiehlt sich, bis nach Epískepsi weiterzufahren und das schöne Dorf mit seinen engen Gassen und gemütlichen Tavernen zu besichtigen.

⓴ Nímfes ★★ [C2]

Νύμφες

Von Róda ⓴ in Richtung Plátonas weist ein **Hinweisschild** den Weg nach Nímfes. Der **Name** des Dorfes geht übrigens einer Sage nach auf die **Nymphen** zurück, die sich unter dem **Wasserfall** etwas außerhalb des Ortes (siehe links) tanzend vergnügten.

Kurz vor dem Ortseingang befindet sich die sehenswerte **Kirche Evtramenoú** (auch Stawromenos-Kirche genannt). Im gesamten griechischen Raum dürfte es das einzige christliche Gotteshaus sein, dessen Architektur an eine buddhistische Stupa erinnert. Anhand der Freskenreste im Inneren des Gotteshauses wird ihre Entstehung auf das 18. Jh. datiert. Hierher verirren sich nur wenige Touristen.

Ein Ausflug weiter in das noch recht ursprüngliche Dorf lohnt in jedem Fall. **Enge Gassen** und **Torbögen** aus venezianischer Zeit bieten so manches eindrucksvolle Fotomotiv.

Die wasserreiche und fruchtbare Landschaft dieser Region lädt zudem zu ausgiebigen **Spaziergängen** rund um Nímfes ein. Man sollte beim Dorfplatz parken und den Ort am besten zu Fuß erkunden.

Gegenüber vom Dorfplatz befinden sich die **Quellen von Nímfes** an einer etwas unscheinbaren Mauer. Nach Aussage der Dorfbewohner bieten sie hervorragendes Trinkwasser. In der Tat beobachtet man hier häufig Einheimische, die ihre Wasserkanister füllen. Viele Bewohner des Ortes glauben an die heilende Wirkung des Quellwassers. Auf den Feldern unterhalb des Dorfes werden unter anderem **Kumquats** (s. S. 106) angebaut.

36 Kloster Askitarió ★ [C2]

μοναστήρι Ασκηταριό

Etwa 1 km oberhalb von Nímfes 35 befindet sich eines der **ältesten christlichen Denkmäler der Insel.** Aus dem Ort kommend geht man links am Dorfplatz vorbei und folgt dem Weg aufwärts (vorbei an den „Nymfes Corfu Villas"). An der nächsten Gabelung führt der Weg nach rechts (ausgeschildert). Nach ca. 30 Min. ist das Ziel erreicht. Das Kloster liegt sehr schön in einer Senke unterhalb der Friedhofskapelle. In den Nebengebäuden kann man noch alte Olivenölpressen bewundern. Geht man weiter über einige Steinstufen in die Senke, kommt man zu einer kleinen **Höhlenkapelle** und einem **Gedenkstein** zu Ehren des Eremiten.

Der **Legende** nach geht der Bau des Klosters auf den Eremiten zurück, der hier in einer Felshöhle in völliger Zurückgezogenheit lebte und den Ort niemals verlassen wollte. Eines Tages begaben sich seine Eltern auf den Weg, um ihren Sohn zur Rückkehr in ein normales Leben zu bewegen. Als der Eremit dies erfuhr, grub er sich ein Grab und legte sich hinein. Ein Felsbrocken stürzte herab und begrub ihn für immer unter sich. Die Eltern konnten ihn nicht retten und ließen zum Gedenken an ihren Sohn das **Kloster** errichteten.

› Fußweg ca. 1 km von Nímfes (ausgeschildert), frei zugänglich

◁ *Immer einen Ausflug wert: die kleine, verwunschene Schlucht beim Wasserfall von Nímfes*

Der Nordwesten: Region Gýros

Von der Grenze des Óros-Gebiets erstrecken sich Hügelreihen bis an die Nordwestküste der Region Gýros. Die grünen Täler dieses Landstrichs verdanken ihren Wasserreichtum den vielen kleinen Flüssen und winzigen Bächen, die in der Mitte der Region Gýros entspringen.

Ausgeprägte **Touristenzentren** wie Sidári 38 im Norden wechseln sich mit kleinen Weilern, traditionellen Bergdörfern und verträumten Buchten, etwa am **Kap Drástis** 39, ab.

Der **Süden** der Region Gýros hat für Urlauber einige **grandiose Landschaften** wie die Vorzeigebucht von Paleokastrítsa 48 und **Attraktionen** wie die Burgruine Angelókastro 46 zu bieten. Die **Westküste** von Gýros glänzt mit einzigartigen Aussichten auf die vorgelagerten Inseln und **langen Sandstränden**, beispielsweise in Ágios Stéfanos Avliotón 41, Aríllas 42 oder Ágios Geórgios Págon 44.

Wer die Region intensiv erkunden möchte, sollte auf einen **Mietwagen** nicht verzichten. Die sehenswerten Orte der Region Gýros lassen sich gut im Rahmen einer **Tagestour** (s. S. 50) besichtigen.

37 Karousádes und Astrakerí ★ [C2]

Καρουσάδες, Αστρακερή

Die meisten Urlauber lassen **Karousádes** auf dem Weg nach Sidári 38 links liegen. Dabei lohnt es sich durchaus, das alte Dorf zu besuchen und sich auf die Suche nach den baulichen Überresten aus der byzantinischen Blütezeit zu machen.

Von der Hauptstraße führt eine Abzweigung zum Weiler **Astrakerí** mit breitem, naturbelassenem **Sandstrand** und dem kleinen **Hafen** für Fischerboote. Auch in der Hauptsaison ist dieser Strand nicht überlaufen. Er fällt flach ins kühle Nass ab, was besonders für Familien mit Kindern von Vorteil ist.

Oberhalb des Strandes steht die wunderbare **Fish Taverna Gregorys**. Was bietet sich mehr an, als einen ausgiebigen Badetag mit einem wunderbaren Essen abzurunden?

› Fish Taverna Gregorys €€ <045> Astrakeri Beach, Tel. 2663031593, geöffnet: tgl. ab 11 Uhr. Auf dem Weg zum Strand weist ein Schild den Weg zur knapp oberhalb des Meeres gelegenen Fischtaverne. Vom Strand ist die Taverne über Treppen leicht zu Fuß erreichbar. Wirt Vassilis kredenzt Fisch und Meeresfrüchte zu fairen Preisen. Hier bekommt man auch Gerichte, die nur noch auf wenigen Speisekarten zu finden sind, wie z. B. *stifádo* vom Oktopus (ein Schmorgericht mit kleinen Zwiebeln). Das korfiotische *bourdéto* (Fisch in scharfer Tomatensoße) wird ebenfalls aufgetischt. Das schmackhafte Essen, die zuvorkommende Bedienung und der ausgezeichnete Blick auf das Ionische Meer machen den Besuch zu einem Erlebnis.

› Yialos Taverna Grill Room €€ <046> Karousádes, Yialos Beach, Tel. 2663032244, www.facebook.com/

Tagestour mit dem Auto: landschaftliche Highlights in der Region Gýros

*Die Tour beginnt am frühen Morgen in **Sidári** ❸. Man folgt dem **Wegweiser zum Canal d'Amour** und parkt dort in der Nähe. Nach einem kleinen Rundgang per pedes über die beim Kanal gelegene Sandsteinformationen geht es mit dem Auto weiter nach **Pouládes** ❹. Die Route dorthin ist gut ausgeschildert. Unterwegs zeigt ein **Hinweisschild** den Weg zum **Kap Drástis** ❸ an, dem nächsten Etappenziel. Hier lockt einer der schönsten Aussichtspunkte Korfus. Man folgt dem ausgeschilderten Weg ca. 2 km durch Olivenhaine, bis es in **Serpentinen** abwärts geht. Es empfiehlt sich, sein Fahrzeug abzustellen und die letzten Meter bis zum Aussichtspunkt zu Fuß zurückzulegen. Wer möchte, kann über den Serpentinenweg weiter bis zum Meer gehen. Hat man sein Fahrzeug wieder erreicht, fährt man weiter nach Peroulades, um durch die schmalen Straßen des Ortes den **Logas Beach** [A2] (Hinweisschild „Sunset View") zu erreichen (Achtung: Dieser Strand ist nicht zum Baden geeignet!). Ausreichend Parkplätze sind direkt an der Steilküste vorhanden. Anschließend hat man sich eine Pause im **7th Heaven Cafe** (s. S. 53) mit grandioser Sicht auf das Ionische Meer redlich verdient, bevor man auf derselben Strecke wieder zurück in Richtung Sidári fährt.*

*An der **Straßengabelung** kurz vor Sidári führt die Tour nach **Ágios Stéfanos Avliotón** ❹ (Hinweisschild „Avliotes") mit seinem langen und beliebten Sandstrand. Zum nächsten Haltepunkt **Aríllas** ❹ sind es nur noch wenige Kilometer. Man kann sein Fahrzeug direkt an der Strandpromenade parken. Hier bietet sich ein **Bad***

tavernayialos.Corfu, geöffnet: Mo.–Sa. ab 18, So. ab 12 Uhr. Die Taverne Yialos ist ein typischer Familienbetrieb und überzeugt durch sehr gute Fleischgerichte und herzlichen Service. Die Speisekarte bietet traditionelle Gerichte, wunderbare Vorspeisen, frischen Fisch und absolut überzeugende Fleischgerichte vom Holzkohlegrill. Wer ein Schweinekotelett mit schönem Fettrand zu schätzen weiß, ist hier absolut richtig! Das Fleisch liefern übrigens die hauseigenen Schweine. Wirt Stefanos spricht gut Deutsch und berät auch gerne zu den Speisen. Zu finden ist die Taverna Yialos über die Abzweigung zum Yialos Beach (Hinweisschild) von der Hauptstraße zwischen Róda und Sidári. WLAN.

❸❽ Sidári ★★ [B2]
Σιδάρι

Die gut ausgebaute **Küstenstraße** im Norden der Insel führt bis nach Sidári. Der Ort fungiert als **lebhaftes Touristenzentrum** für die vorwiegend britischen Urlaubsgäste. Entlang der schmalen Ortsdurchfahrt reihen sich Souvenirgeschäfte, Tavernen und Bars aneinander.

Der lange **Sandstrand** in Sidári ist beliebt bei Familien mit Kindern, da es sehr flach ins Wasser geht. In den Touristikbüros am Hafen lassen sich Tickets für eine **Bootsfahrt zu den Diapontischen Inseln** (s. S. 52) erwerben.

am schönen Strand mit den vorgelagerten Felskaps an. Wer textillos baden möchte, kann dies am Nordende der Bucht bei den Steilhängen tun.

*Die Fahrt führt weiter entlang der **Strandstraße**, vorbei an kleineren Ferienanlagen, bis ein Schild das nächste Ziel **Afiónas** ❹❸ ankündigt. Der kleine Ort mit den malerischen Gassen hat sich zu einem beliebten Ausflugsziel gemausert – nicht zuletzt wegen dem von dort erreichbaren **Wanderziel Pórto Timóni** (s. Wanderung 1 auf S. 92). Falls es in Afiónas selbst zu voll ist, parkt man etwas unterhalb des Dorfes. Zum **Mittagessen** empfiehlt sich die Taverne **Porto Timoni** (s. S. 57), die einen einzigartigen Panoramablick über die Bucht von Ágios Geórgios Págon ❹❹ offeriert.*

*Gestärkt geht es anschließend ein kurzes Stück des Weges zurück, bis ein **Schild mit „Afionas Beach"** den Weg über eine kleine Serpentinenstraße in die **wunderbare Bucht** von Ágios Geórgios weist. Ein langer Sandstrand mit kristallklarem Wasser erwartet hier die Badegäste.*

*Die Straße an der Bucht zweigt nach Pagi [B3] ab, bevor es auf landschaftlich herrlicher Strecke mit toller Aussicht in die Orte Vístonas [B4] und **Makrádes** ❹❺ geht. Hier halten **Straßenhändler** viele lokale Produkte für Ausflügler bereit. Ab Makrádes hält man sich in Richtung Kríni, um zu einem weiteren Highlight der Region zu gelangen: Von der Spitze der **Burgruine Angelókastro** ❹❻ eröffnet sich eine einmalige Panoramasicht über das tiefblaue Ionische Meer und die berühmte **Bucht von Paleokastrítsa** ❹❽. Hier endet der Tagesausflug.*

*Wer den Tag in einer guten Taverne beschließen möchte, fährt den ausgeschilderten Weg weiter nach Paleokastrítsa und von dort auf der Hauptstraße Richtung Korfu-Stadt bis zum Abzweig nach **Doukádes** ❺❶. Am malerischen Dorfplatz lädt die **Taverna O Doukas** (s. S. 63) zu einem schmackhaften Abendessen ein.*

Bootsfahrt zur Diapontischen Insel Erikoúsa

Die Diapontischen Inseln Mathráki, Othoní und Erikoúsa liegen nordwestlich von Korfu und sind vielen Korfu-Urlaubern noch weitgehend unbekannt. Eigentlich schade, denn ein Tagesausflug, etwa nach Erikoúsa, dem nördlichsten Eiland dieser Inselgruppe, lohnt sich durchaus.

Zwei Buchten mit schönen, flach abfallenden Sandstränden, zwei kleine Hotels und wenige Tavernen erwarten die Besucher. Die kleine Insel mit einer Fläche von ca. 4 km² ist vom Massentourismus noch verschont. An den Stränden geht es entsprechend ruhig zu. Wanderfreunde können Erikoúsa in ca. 2½ Stunden umrunden. Bei den vielen aufgestellten Wegweisern ist es kaum vorstellbar, auf falsche Pfade zu gelangen. Wer nicht die ganze Insel umrunden möchte, sollte zumindest den Anstieg zur kleinen Kapelle in der Nähe der Anlegestelle wagen. Belohnung hierfür ist ein sehr schöner Blick über die Insel.

Informationen über Erikoúsa sind auf der Website des Hotels Erikousa (http://hotelerikousa.gr) zu finden. Der Inhaber der Unterkunft mit angeschlossenem Restaurant ist äußerst hilfsbereit und gibt gern Tipps zu „seiner" Insel sowie zu Ausflügen nach Othoní oder Mathráki.

› ***Anfahrt:*** *Tickets sind in den Reisebüros der Urlaubsorte im Nordwesten Korfus erhältlich, z. B. in Sidári ❸❽ oder Ágios Stéfanos Avliotón ❹❶, wo die Fähre auch ablegt. Ticketpreise: 18–20 € p. P. (Hin- und Rückfahrt). Die Boote legen in der Saison (Mai–Okt.) mehrmals wöchentlich zw. 9.30 u. 10 Uhr ab und benötigen ca. eine Stunde bis Erikoúsa. Der Aufenthalt beträgt ca. vier Stunden, sodass genügend Zeit bleibt, die Insel zu erkunden.*

Westlich des Hauptstrandes beginnen die sehenswerten **Sandstein- und Lehmfelsen.** Zwischen den Klippen öffnen sich immer wieder kleine Buchten. Auf den terrassenförmigen Felsen nehmen Urlauber ein Sonnenbad. Entlang der Klippen sorgen einige Poolbars mit Musik für laute Beschallung. Wer die beeindruckenden Sandsteinformationen anschauen möchte, folgt den **Hinweisschildern zum Canal d'Amour** (franz. „Kanal der Liebe"). Am besten lassen sich die Sandsteinfelsen in den früheren Morgenstunden erkunden, wenn die Vielzahl der Touristen in Sidári noch in den Unterkünften weilt oder gerade in einer der vielen Tavernen beim Frühstück sitzt.

Eine **Legende** über den „Kanal der Liebe" hält sich bis heute hartnäckig: Für jedes Mädchen, das beim Durchschwimmen des Kanals an ihren Liebsten denkt, sollen bald darauf die Hochzeitsglocken klingen.

Der ursprüngliche Canal d'Amour wurde allerdings längst Opfer der **Erosion**. Die früher vorhandene kleine Höhle, die man durchschwimmen konnte, brach bereits in sich zusammen.

Werbewirksam wird bis heute ein noch vorhandener schmaler Kanal als „**echter Canal d'Amour**" angepriesen. Auf einschlägigen Postkarten sind allerdings mehrere Kanäle in Sidári als „echter Kanal" ausgewiesen. Offensichtlich war man sich nach dem Verlust des ursprünglichen Kanals über die Nachfolge nicht ganz einig. Als Attraktion sollte der Canal d'Amour jedoch weiterhin dienen – darin zumindest stimmten man überein.

◰ *Kap Drástis: Traumbucht mit Bilderbuchpanorama*

◱ *Eindrucksvolle Sandsteinformationen in Sidári* ❸

❸❾ Kap Drástis ★★★ [B1]
Καρ Δράστης

Den Traumblick auf die Sandsteinbuchten sollte sich kein Urlauber entgehen lassen. Nicht umsonst ziert dieses beeindruckende Panorama die Cover vieler Reiseführer und Werbebroschüren.

Kurz nach dem Ortseingang von Perouládes ❹⓿ zeigt ein **Hinweisschild** den Weg zum Kap Drástis an, einem der schönsten Aussichtspunkte Korfus. Der ausgeschilderte Weg führt durch Olivenhaine, bevor es abwärts geht. Das **Auto** sollte man hier **abstellen** und die letzte Strecke über

> **KLEINE PAUSE**
> **Sprichwörtlich im siebten Himmel**
> Das **Panoramacafé 7th Heaven** macht seinem Namen alle Ehre. Hier sitzt man in nettem Ambiente unmittelbar an der Steilküste. Die Aussichtsplattform gewährt einen traumhaften Ausblick auf die beeindruckende Küstenformation.
> › **7th Heaven Cafe** <047> direkt an der Steilküste beim Logas Beach, Peroulades, Tel. 2663095035, www.facebook.com/7thHeavenCafe, geöffnet: Mai–Okt. tgl. ab 10 Uhr

einige Serpentinen bis zum Kap **zu Fuß** zurücklegen. Nur wenige Schritte sind es bis zu einer Wegbiegung mit Aussichtspunkt – hier präsentiert sich die Traumbucht mit ihrem **Bilderbuchpanorama**.

Der Weg vorbei am Kap endet in einer **kleinen Bucht**, wo **Sandsteinfelsen** zu einem Sprung ins glasklare Wasser einladen. Seit Neuestem werden selbst an dieser abgelegenen Stelle einige Liegen und Sonnenschirme vermietet. In unregelmäßigen Zeitabständen wartet ein Einheimischer mit einem kleinen **Motorboot**, um Besucher zu einer Fahrt rund um die Sandsteinküste einzuladen. Der Preis für diese kleine Rundfahrt ist Verhandlungssache.

Von dem Weg hinunter zur Bucht zweigt ein Pfad zu einer Anhöhe ab. Die Mühe, dort in Richtung Spitze des Kaps zu gehen, kann man sich jedoch sparen. Es ist Privatgelände und durch einen Zaun abgesperrt.

40 Perouládes ★★ [B2]
Περουλάδες

Das **kleine, traditionelle Dorf** durchfahren viele Urlauber auf dem Weg zum Logas Beach. Im Ort erinnern traditionelle Häuser und Torbögen an die venezianische Vergangenheit. Der Weg zum einzigartig unter der abfallenden Küste gelegenen **Logas Beach** (Achtung: nicht zum Baden geeignet!) führt durch den engen Ort bis zum Café **7th Heaven** (s. S. 53). Ein Ausflug empfiehlt sich besonders am Abend, denn die **Sonnenuntergänge** sind dort atemberaubend. Ein Weg und Treppen führen hinunter zum schmalen Strand. Dieser ist zwar wunderbar anzusehen, aber die Erosion sorgt dafür, dass immer wieder **Sandsteingeröll** von der Steilküste abfällt und Badegäste gefährden kann.

41 Ágios Stéfanos Avliotón ★ [A2]
Άγιος Στέφανος Αυλιωτών

Wenige Kilometer südwestlich von Perouládes 40 befindet sich Ágios Stéfanos Avliotón, auch bekannt unter dem Namen **Ágios Stéfanos Avliótes**. Der Ort hat sich in den letzten Jahren zu einem **beliebten Feriendomizil** entwickelt. Hier findet der Urlauber Einkaufsmöglichkeiten, einige Tavernen, Bars, Souvenirgeschäfte und viele Unterkünfte. Vom privaten Apartment über Ferienhäuser bis

> **KLEINE PAUSE**
> **Berauschende Aussicht vom Akrotiri Lounge Cafe**
> Das Akrotiri Lounge Cafe liegt hoch zwischen den Stränden Ágios Stéfanos Beach und Aríllas Beach. Traumhafte Ausblicke auf beide Küstenorte und Strände lassen sich bei kühlen Getränken, Kaffeevariationen und leckeren Snacks genießen. Am Abend ist der spektakuläre Sonnenuntergang inklusive.
> › Akrotiri Lounge Cafe <048> www.akrotiri-cafe.com, Tel. 6937522710, Mai–Okt. tgl. ab 10 Uhr

hin zu Pauschalangeboten ist alles buchbar. Der Pauschaltourismus ist weitgehend in der Hand britischer Touristikanbieter.

Die **Bucht** und der sehr lange **Sandstrand** ziehen alljährlich viele Urlauber an. Wegen der Windverhältnisse ist der Strand auch bei **Surfern** beliebt. Am Ende der Bucht finden **FKK-Anhänger** unterhalb der Steilküste ein Plätzchen.

42 Aríllas ★★ [A2]
Αρίλλας

Der Ort südlich von Ágios Stéfanos Avliotón 41 verfügt über einen **langen Sandstrand**, dessen südlicher Teil direkt gegenüber den touristischen Einrichtungen an der kleinen Ortsdurchfahrt liegt. Begibt man sich etwas abseits in nördliche Richtung, wird der Strand immer ruhiger und endet an der **Steilküste**. Hier, am nördlichen Ende der Bucht unter den Steilhängen, werden **FKK-Anhänger** fündig. Die vorgelagerten felsigen Kaps vervollständigen das Bild der bildschönen Bucht. Der Urlauber findet **Supermärkte**, **Tavernen**, **Bars** und das übliche **Wassersportangebot** am Strand. In den letzten Jahren sind hier einige sehr reizvolle Lokale mit Poolanlage entstanden.

Infos und Reisetipps
› **Wanderweg Arillas Trail:** Der Kulturverein Aríllas hat mit vielen Helfern einen ca. 8,5 km langen Wanderweg rund um Aríllas eingerichtet und ausgeschildert. Informationen dazu unter www.arillas.de (unter „Arillas Trail").

◁ *Der lange Sandstrand in Ágios Stéfanos Avliotón verspricht endlose Badefreuden*

Unterkunft
› **Akti Arilla Hotel** €€ <049> direkt an der Zufahrt zum Strand, www.aktiarillahotel.gr. **Familiäres Ambiente:** Preisgünstiges Hotel mit 35 Zimmern mit angeschlossenem Restaurant, Pool und Poolbar. Der Familienbetrieb legt Wert auf guten Service. Nur wenige Schritte vom Strand, aufgrund der direkten Lage an der Zufahrtsstraße allerdings eher ungeeignet für Leute, die es ganz ruhig mögen. Das Preis-Leistungs-Verhältnis ist ideal.

Essen und Trinken
› **Vinceremo** €€ <050> am Anfang der Strandpromenade, Tel. 2663052177, geöffnet: tgl. ab 11 Uhr. Kostas und Familie verwöhnen ihre Gäste in dem Fischrestaurant mit täglich wechselnden Specials zu einem hervorragenden Preis-Leistungs-Verhältnis. Ein grandioser Ausblick aufs Meer ist inbegriffen und vor allem zum Sonnenuntergang eine Augenweide.

43 Afiónas ★★★ [A3]
Αφιώνας

Afiónas liegt in imposanter Lage auf einer Halbinsel, welche die Buchten von Aríllas 42 *und Ágios Geórgios Págon* 44 *voneinander trennt. Malerische Häuser und verwinkelte Gassen prägen das Ortsbild, das zu einem kleinen Spaziergang geradezu einlädt. Von den Terrassen der an der Zufahrtsstraße gelegenen Lokale eröffnet sich ein toller Blick auf die kleinen Inseln vor der Küste. Die Tavernen hinter den Wohnhäusern im eigentlichen Ort bieten eine herrliche Aussicht auf die Bucht von Ágios Geórgios Págon.*

Nach den letzten Wohnhäusern führt ein **Pfad** *zu einem* **Hügel** *mit wunderbaren Ausblicken auf die vorgelagerten Diapontischen In-*

Die Erfolgsgeschichte der Brauerei Corfu Beer

Spiros Kaloudis setzte seiner Begeisterung für die Bierbraukunst 2006 die Krone auf und gründete in seinem Heimatort Aríllas ❷ eine kleine Privatbrauerei. Obwohl sich die Finanzierung in den ersten Jahren als schwierig gestaltete, bürokratische Hürden überwunden werden mussten und dann auch noch die Wirtschaftskrise über Griechenland hereinbrach, ist dies eine echte Erfolgsgeschichte. Innerhalb von sechs Jahren wurde die Produktion aufgrund der hohen Nachfrage verachtfacht.

Doch was ist das Besondere an den Bieren der Mikrobrauerei? Spiros Kaloudis legt besonderen Wert auf lokale Produktion. Seine ausgesuchten Sorten sollen Gäste ansprechen, die regionale Spezialitäten statt Massenware schätzen. Überhaupt spricht er lieber vom „Gast" oder „Freund" als vom „Touristen" – ein Ausdruck seiner Überzeugung, dass Gastfreundschaft und Authentizität statt Massentourismus und Konsum vorangebracht werden müssen. Auch beim jährlichen Corfu Beer Festival (s. S. 99) spiegelt sich diese Sichtweise wider. Im Rahmen des Festivals werden – ganz nach der Philosophie von Spiros Kaloudis – neben Bier auch andere lokale Köstlichkeiten präsentiert.

Neben der Regionalität liegt das Erfolgsrezept von Corfu Beer in der hohen Qualität der Biere. Als erste Brauerei Griechenlands produzierte Corfu Beer „Real Ale". Diese Sorten werden nicht filtriert, sondern naturtrüb belassen, damit wertvolle Inhaltsstoffe erhalten bleiben. Selbstverständlich wird nach dem deutschen Reinheitsgebot gebraut. Gleichzeitig muss der Gerstensaft dauerhaft gekühlt werden. Von der Frische und Qualität möchte Spiros trotz schwieriger logistischer Bedingungen nicht abweichen und nimmt es für seine Unternehmensphilosophie in Kauf, dass er die Nachfrage nicht komplett bedienen kann, vor allem in den Sommermonaten.

Mittlerweile gehören acht Biersorten zum Repertoire, die auf der Insel begeisterte Abnehmer finden und in vielen Lokalen angeboten werden. Liebhaber besonderer Biere sollten sich den frischen und spritzigen Geschmack auf keinen Fall entgehen lassen.

Und wie soll es in den nächsten Jahren weitergehen? Spiros berichtet begeistert, dass er Biersommeliere ausbilden möchte, das Biersortiment weiterentwickeln und es gastronomisch auf die korfiotische Küche abstimmen will. So sollen seine Gäste zum Beispiel erfahren, welches Bier am besten zu welchem Gericht passt. Auf die Frage nach seiner persönlichen Lieblingssorte mochte Herr Kaloudis keine konkrete Antwort geben: Sie seien alle seine Kinder, die er natürlich gleich gerne mag.

Öffentliche Führungen durch die Brauerei, die heute 20 Mitarbeiter beschäftigt, finden jeden Samstag statt und sind ohne Voranmeldung möglich. Im Shop der Brauerei können die Biere sowie Gläser und T-Shirts erworben werden.

› **Corfu Beer** <051> Aríllas, www.corfubeer.com, Tel. 2663052072, geöffnet: Shop Mo.–Sa. 10–14 u. 17.30–18.30 Uhr, Führungen Sa. 11–13 Uhr

seln Mathráki, Othoní und Erikoúsa (s. S. 52). Früher waren an dieser Stelle oft Esel angebunden, was dem schönen Aussichtspunkt den Beinamen **Eselsberg** einbrachte. Hier treffen sich in der Saison allabendlich die Urlauber, um den spektakulären **Sonnenuntergang** zu bewundern.

Ein Pfad links vom Hügel führt weiter zur **Zwillingsbucht am Pórto Timóni** (s. Wanderung 1 auf S. 92). Ohne Zweifel gehören die kleinen Buchten zu den wohl schönsten der Insel. Wem der Weg zu beschwerlich ist, der kann von Ágios Geórgios Págon mit kleinen Booten übersetzen.

Die Gegend war bereits in der Antike besiedelt. Auf der Suche nach dem berühmten **Palast des Alkinoos** begleitete der deutsche Archäologe Wilhelm Dörpfeld hier im Jahr 1914 **Ausgrabungen,** die allerdings nicht von Erfolg gekrönt waren. Auch heute finden direkt bei der Taverne Porto Timoni (siehe unten) wieder Ausgrabungen statt, was auf die historische Bedeutung des kleinen Ortes schließen lässt.

❯ **Parken:** Entlang der Zufahrtsstraße zum Ort. Bitte nicht beim Dorfplatz parken, da hier der Bus wenden muss!

Essen und Trinken

❯ **Evdemon Restaurant** €€€ <052> noch vor dem Ortskern von Afiónas, rechte Straßenseite, Tel. 6977938741, www.facebook.com/evdemonrestaurant, geöffnet: tgl. ab 13 Uhr. Kleines Restaurant mit moderner griechisch-mediterraner Küche und stilvoller Einrichtung. Traumhafter Blick auf die Diapontischen Inseln inklusive. In der Hochsaison wird eine Reservierung empfohlen.

❯ **La Pergola** €€ <053> vor dem Dorfplatz auf der linken Straßenseite, geöffnet: tgl. ab 17 Uhr. Eine Speisekarte ist in dieser traditionellen Taverne Fehlanzeige. Hier geht man in die Küche und wählt die stets frisch und lecker zubereiteten Gerichte direkt aus dem Kochtopf.

❯ **Porto Timoni** € <054> Zugang über den Weg links vorbei am Laden Oliven und Meer, Tel. 2663052051, www.porto

Eine der schönsten Buchten Korfus: Ágios Geórgios Págon

Der Nordwesten: Region Gýros

> **EXTRATIPP**
>
> **Ausflug zum Frauenkloster**
> Wenige Kilometer von Ágios Geórgios Págon ④ entfernt liegt das **Bergdorf Agrós**. Von hier ist es nur noch ein Katzensprung zum etwas **außerhalb des Dorfes Ágios Athanásios** gelegenen Frauenkloster. Das Gelände und die Gebäude sind sehr gepflegt. Das Haus wurde erst 1978 in ein Frauenkloster umgewandelt. Mit zunehmender Zahl der Schwestern wurden im Laufe der Zeit neue Gebäude und Kapellen angebaut. Die Schwestern pflegen die Tradition und Kunst der **byzantinischen Ikonenmalerei** und fertigen ihre Werke mit viel Liebe in der **eigenen Werkstatt**. Nicht selten nehmen sie Auftragsarbeiten an, denn die besondere Qualität der Ikonenmalereien aus dem Kloster ist weithin bekannt.
> › **Frauenkloster bei Ágios Athanásios** <058> geöffnet: vormittags (außer an orthodoxen Feiertagen)

timoni.gr, geöffnet: Mai–Okt. tgl. ab 9 Uhr. Von der Taverne hat man einen eindrucksvollen Panoramablick über die Bucht von Ágios Geórgios. Gutes Essen und ausgesprochen freundlicher Service. Besonders empfehlenswert sind die frischen Sardinen, gegrillt oder frittiert. WLAN.

› **Taverne Xenichtis (The Night Owl)** € <055> noch vor dem Ortskern, linke Straßenseite, geöffnet: Mai–Okt. tgl. ab 12 Uhr. Urige Taverne, in der viele Einheimische ein- und ausgehen. Zwar ohne schöne Aussicht, aber die köstlichen Grillgerichte und das außergewöhnliche Ambiente sind einen Besuch wert.

Einkaufen

› **Oliven und Meer** <056> nahe dem Dorfplatz, www.olivenundmeer.de, geöffnet: Mitte April–Okt. tgl. 10.30–14 u. 15–21 Uhr. Heidi und Rainer Kalkmann betreiben den kleinen, feinen Laden bereits seit 1999. In einem ehemaligen Lebensmittelgeschäft wurde ein sehr geschmackvoller Verkaufsraum mit Atmosphäre geschaffen. Hier lassen sich ausgesuchte Produkte rund um die Olive erstehen, beispielsweise bestes Olivenöl in formschönen und flugtauglichen Dosen sowie hübsches Geschirr mit Olivendekor.

› **Elaia Afionas** <057> Tel. 26630 51329, Facebook: elaiaafionas, tgl. ab 10 Uhr bis in den späteren Abend. Seit 2017 bietet Elaia Afionas wenige Schritte vom bekannten Shop Oliven und Meer entfernt in einem wunderbar restaurierten Haus in stilvollem Ambiente schöne Souvenirs an. U. a. gehören Produkte aus Olivenholz und -öl, Naturkosmetik sowie handgemachter Schmuck zum Sortiment.

④ Ágios Geórgios Págon ★★ [B3]

Άγιος Γεώργιος Πάγων

Ágios Geórgios Págon, auch bekannt als **Ágios Geórgios Pági**, liegt im Nordwesten der Insel an einer der schönsten Buchten, die Korfu vorzuweisen hat. Entlang der **sichelförmigen Bucht** finden sich hauptsächlich Apartmentanlagen, Ferienhäuser und kleine Familienhotels. Große Hotelanlagen gibt es hier nicht. Nicht zuletzt deswegen ist der Ort sehr beliebt bei Individualtouristen.

Der **Sandstrand** erstreckt sich über die etwa 3 km lange Bucht und bietet **Wassersport** aller Art, z. B. Surfen, Segeln und Stand up Paddling (SUP). Für den täglichen Urlaubsbedarf ist alles vorhanden: Tavernen, Bars und Einkaufsmöglichkeiten.

Unterkunft

› **Lokale Vermittlung:** http://vistonia-korfu.de. Spyridon Konstantis wohnt den Sommer über selbst in der Bucht und hat sich mit seinem Insiderwissen auf die Vermittlung von Unterkünften in Ágios Geórgios Págon spezialisiert.

Essen und Trinken

› **Cool Water** € <059> am nördlichen Teil des Strandes, Tel. 6974465660, www.facebook.com/coolwatercorfu, tgl. ab 9 Uhr. Die Strandbar bietet schmackhafte kleine Speisen, frische Smoothies und leckere Cocktails. In der Saison gibt es am Abend häufig Events mit Livemusik. WLAN.

› **Maria's Snack Shack** € <060> an der Strandpromenade, gegenüber vom Hotel Belle Helene, geöffnet: tgl. ab 11 Uhr. Ausgezeichneter Imbiss mit griechischen Snacks und tollen Sandwiches. WLAN.

› **Taverna Delfini** €€ <061> Buchtmitte direkt am Strand, Tel. 2663096323, geöffnet: tgl. ab 11 Uhr. Direkt am Strand gelegen, serviert das Restaurant täglich frischen Fisch und typisch griechische Gerichte zu einem guten Preis-Leistungs-Verhältnis. In der Hochsaison kann es manchmal zu etwas längeren Wartezeiten kommen, aber es lohnt sich.

Einkaufen

› **Ilios Living Art** <062> im Süden der Bucht an der Straße Richtung Pagi (ausgeschildert), www.ilios-living-art.com, Tel. 2663096043, geöffnet: Mai–Okt. Mo.–Sa. 10–14 u. 17–21 Uhr. Alexandros bietet in seiner Schmuckwerkstatt Goldschmiedekurse für Groß und Klein an. Der Kreativität sind keine Grenzen gesetzt. Zur Wahl stehen Einsteigerkurse und Seminare, welche die Geheimnisse des Goldschmiedehandwerks vorstellen. Dabei können die Teilnehmer Fundstücke wie Steine, Muscheln oder Olivenkerne abformen und zu schmückenden Erinnerungen und Geschenken werden lassen.

45 Makrádes ★ [B4]

Μακράδες

Makrádes ist ein **beliebtes Ausflugsziel** in dieser Region der Insel. Viele Ausflügler durchfahren den Ort auf dem Weg zur Burgruine Angelókastro 46. Das charmante Dörfchen überrascht mit **ursprünglicher Architektur** und engen Gassen.

Etliche **Straßenhändler** säumen mit ihren provisorischen Verkaufsständen die Straßen der Umgebung. Sie haben sich auf den Verkauf von einheimischen Produkten aus **eigenem Anbau** wie Kumquat (s. S. 106), Wein, Olivenöl, Kräuter etc. spezialisiert. Aus dem Verkauf beziehen sie ihren Lebensunterhalt. Es lohnt sich in jedem Fall, die angebotenen Köstlichkeiten zu probieren. Die Händler lassen sich gern nach dem Weg zum

Verkaufsstände mit lokalen Produkten aus eigenem Anbau findet man rund um Makrádes

Angelókastro fragen, schließlich können sie dies gleich für ein Verkaufsgespräch nutzen. Auch **Reisebusse** machen auf ihren Inseltouren in Makrádes Halt. Scharen von Touristen bevölkern dann den Ort und sorgen für volle Läden. Daher ist ein Besuch erst ab dem **späten Nachmittag** ratsam, wenn die vielen Reisebusse Makrádes bereits wieder verlassen haben.

46 Burgruine Angelókastro ★★★ [B4]

Αγγελόκαστρο

Gern wird die Engelsburg auch „Balkon des Ionischen Meeres" genannt. Wer hier oben den prachtvollen Ausblick genießt, kann die Namensgebung sofort nachvollziehen.

Von Makrádes 45 über den kleinen Ort Kríni führt der Weg zu den Überresten des Angelókastro. Der Weg ist ausgeschildert. Hoch über der **Bucht von Paleokastrítsa** 48 gelegen, wird man nach dem Aufstieg mit dem wohl schönsten Panoramablick der Insel Korfu belohnt.

Die **byzantinische Festung** steht auf einem steilen Felsen. Der einzige Zugang wurde vor einigen Jahren restauriert, sodass der Fußweg zum Hochplateau recht leicht zu bewältigen ist – vom **Parkplatz** unterhalb der Burgruine geht man ca. 15 Minuten.

Innerhalb der Wehranlage sind eine **Kapelle** auf einem Hügel und eine kleine **Höhlenkapelle** an der Nordwestmauer zu besichtigen. Beim Rundgang über die Burganlage sollte man Abstand zum Abgrund halten, denn oft ist unzureichend gesichert und bei allzu großem Wagemut besteht **Absturzgefahr.**

> geöffnet: Mai–Okt. Di.–So. 10–18 Uhr, Eintritt: 2 €, außerhalb der Saison frei zugänglich

47 Lákones ★ [B4]

Λάκωνες

Auf dem Weg nach Paleokastrítsa 48 durchquert man das **kleine Dorf** Lákones. Von den kleinen Parkbuchten am Ortsein- und Ortsausgang erlebt der Besucher einen **einmaligen Ausblick** auf die **Bucht von Paleokastrítsa**. Man erkennt kleine Badebuchten und das meistbesuchte Konvent der Insel, das Kloster Paleokastrítsa 49, das sehr fotogen auf dem Berg einer kleinen Halbinsel thront. So mancher bezeichnet das Panorama als eines der schönsten im Mittelmeerraum und so ist es kein Wunder, dass sich die Fahrzeuge in der Hochsaison in der engen Ortsdurchfahrt stauen.

Essen und Trinken

> **Boulis Taverna** €€ <063> kurz vor dem Ortsausgang, rechts an der Ortsdurchfahrt Richtung Paleokastrítsa, Tel. 2663049429, Facebook-Seite, geöffnet: tgl. ab 10 Uhr. Das kleine, traditionsreiche Lokal am Ortsende von Lákones ist einen Besuch wert. Der Schwerpunkt der Küche liegt auf lokalen Spezialitäten und ideenreichen Speisen.

> **Dolce** €€ <064> von Makrádes kommend vor dem Ort auf der rechten Straßenseite, Tel. 2663049278, geöffnet: tgl. ab 9 Uhr. Modernes Café mit herrlicher Aussicht über die Bucht von Paleokastrítsa. Große Auswahl an Kuchen und Eisspezialitäten, die man bei dezenter Musik in gemütlichen Lounge-Sofas unter Sonnensegeln genießen kann. WLAN.

> *Ideal zum Baden: der Hauptstrand von Paleokastrítsa*

Der Nordwesten: Region Gýros 61

48 Paleokastrítsa ★★ [B4]

Παλαιοκαστρίτσα

Paleokastrítsa ist einer der **bekanntesten Orte** auf der Insel Korfu. Jeder Urlauber sollte die **wunderschöne Bucht** zunächst von dem oberhalb gelegenen Dorf Lákones 47 aus betrachten – die Aussicht ist einfach traumhaft.

Paleokastrítsa selbst besitzt keinen typischen Ortskern, die touristischen Angebote wie Hotels, Apartmentanlagen, Tavernen etc. finden sich entlang der Zufahrtsstraße und erstrecken sich weitläufig bis kurz vor die Auffahrt zum Kloster Paleokastrítsa 49. Zumindest in der Hochsaison herrscht hier reger Betrieb.

Die **kleineren Badebuchten** in Paleokastrítsa sind gut besucht. Als Alternative bieten sich die **nur per Boot erreichbaren Strände** an, die von **Wassertaxis** angefahren werden. Auch einige Vermieter für **Motorboote** (s. S. 91) findet man problemlos, sodass sich die wunderbaren Buch-

EXTRATIPP

La Grotta Bar

Von der Hauptstraße in Paleokastrítsa 48 führen Stufen zu einer der bekanntesten Bars der Region, die mit ihrer einzigartigen Lage überzeugt. Die Grotte aus Vulkangestein mit schönen Außenterrassen bietet tagsüber Drinks und Snacks mit Blick auf die felsige Umgebung und das kristallklare Meer. Bei Musik und Cocktails lässt sich der Abend in der beleuchteten Grotte einläuten. Oft springen Wagemutige von den Felsen in das Wasser der Bucht hinab.

Wem der Sinn nach einem **Ausflug mit dem Motorboot** steht, um die reizvolle Küstenlandschaft rund um Paleokastrítsa zu entdecken, kann hier am Anlegesteg ein Boot mieten (führerscheinfrei bis 30 PS).

› **La Grotta Bar** €€ <065> Zugang an der Ortsdurchfahrt (ausgeschildert), Tel. 2663041006, www.lagrottabar.com, geöffnet: tgl. ab 12 Uhr

Der Nordwesten: Region Gýros

ten rund um die felsige Region auf eigene Faust erkunden lassen. Diese Möglichkeit ist besonders für Taucher und Schnorchler empfehlenswert.
› **Wassertaxis:** stündliche Anfahrt der Strände, Preis: ca. 10–15 €, Fahrzeit: je nach Entfernung 10 bis 15 Min.
› **Gran Aladino** € <066> Ortsmitte, direkt an der Hauptstraße, Tel. 2663041305, geöffnet: ganzjährig tgl. ab 11 Uhr. Gute griechische Küche und ausgesprochen freundliche Bedienung. Sehr gute Beratung und Auswahl an vegetarischen Speisen.

49 Kloster Paleokastrítsa ★★★ [B4]
Μονή Παλαιοκαστρίτσας

Malerisch thront das Kloster Panagía Theotóku tis Paleokastrítsas auf dem Felsen einer Landzunge. Die Anlage zählt zu den meistbesuchten Sehenswürdigkeiten der Insel.

Das Kloster mit dem **Glockenturm** und dem schönen **Innenhof** bietet immer wieder **schöne Fotomotive**. Das **kleine Museum** beherbergt **Ikonen** aus dem 17. und 18. Jh. Viele winzige Plätze, unter Arkaden verlaufende Wege und ein reizvoller Wandelgang runden das Bild des typisch griechischen Klosterbaus ab.

Die **Zufahrtsstraße** zum Klosterberg ist schmal und ohne die **Ampel** wäre die tägliche Flut an Besuchern, die mit Reisebussen oder eigenen Fahrzeugen anreisen, nicht zu regeln. Wer das Kloster nicht inmitten vieler Busausflügler besichtigen möchte, sollte spätestens um 8 Uhr morgens dort sein oder einen Besuch am späten Nachmittag einplanen.

In der Nähe bietet sich das **Corfu Aquarium** (s. S. 127) als Ausflugsziel für Familien mit Kindern an.
› geöffnet: tgl. 8–13 u. 15–20 Uhr, Eintritt frei
› **Parken:** Je nach Tageszeit können die Parkplätze direkt beim Kloster für Pkws knapp werden. Besser ist es, sein Fahrzeug auf dem großen Parkplatz vor der Auffahrt (gegenüber vom Strand) abzustellen und den Weg zum Kloster in ca. 10 Minuten zu Fuß zurückzulegen. Die Idee, sein Auto auf dem Busparkplatz beim Kloster abzustellen, sollte man verwerfen. Die Fahrer der Reisebusse parken dort abgestellte Pkws gnadenlos zu.

50 Liapádes ★ [C4]

Λιαπάδες

Von der gut ausgebauten Straße zwischen Paleokastrítsa 48 und Korfu-Stadt führt eine Abzweigung nach Liapádes. Im alten Ortskern findet sich noch Ursprüngliches und einen Spaziergang durch die **engen Gassen** kann man mit einer Pause am schön gestalteten **Dorfplatz** ausklingen lassen. Die meisten touristischen Einrichtungen wie Hotels, Tavernen etc. findet man unterhalb des Dorfes – hier führt auch die Straße zum **Strand**.

› **Costas Steak House** €€ <067> Tel. 2663041093, tgl. ab 17 Uhr. An der Zufahrtstraße zum Ort liegt das 2017 neu eröffnete Steakhouse. Hier wird die griechische Küche modern interpretiert. Das Lokal bietet neben leckeren Steaks Hauptgerichte mit gegrilltem Fleisch und Fisch sowie kreative Salate. Der sehr freundliche Service und die angenehme Atmosphäre auf der Terrasse unter dem Blätterdach runden den Besuch ab.

51 Doukádes ★★ [C4]

Δουκάδες

Der **kleine, malerische Ort** mit einigen Beispielen venezianischer Architektur und einem schönen Dorfplatz liegt wenige Kilometer westlich von Paleokastrítsa 48.

Der Ort ist Ausgangspunkt für eine **Wanderung zur Kapelle Ágios Simeón** mit herrlichen Ausblicken (s. Wanderung 4 auf S. 94). In der Nähe ist das **Tierheim für Esel** (Corfu Donkey Rescue, s. S. 127) ein Anlaufpunkt für Familien.

› **Taverna O Doukas** €€ <068> direkt am Dorfplatz, tgl. geöffnet. Besonders schön sitzt man hier im Herzen des kleinen Dorfes. Auf der Speisekarte stehen typisch griechische und korfiotische Gerichte.

Die Mitte: Region Mésis

Wunderbare Küsten, die fruchtbare Rópa-Ebene und Kérkyra (Korfu-Stadt) als Zentrum – die Region Mésis bietet viel Abwechslung. Dieser Teil der Insel ist das Bindeglied zwischen Nord- und Südkorfu.

Von Ípsos 52 im Norden bis Moraítika und Messonghí 65 im Süden zieht sich die **Küstenstraße** vorbei an den touristisch erschlossenen Gebieten der Ostküste. An der **weitläufigen Bucht zwischen Ípsos und Kérkyra** finden sich die meisten Groß- und Luxushotels der Insel, die behutsam in die Buchten und sanften Hügel integriert wurden – den Anblick von Betonklötzen muss man hier nicht fürchten. Die Nachteile der schmalen Kiesstrände an der Ostküste werden von den Hotels mit großen Liegewiesen in parkähnlichen Anlagen wettgemacht.

Ein völlig anderes Landschaftsbild zeigt die **romantisch-zerklüftete Westküste** der Region Mésis. Von Vátos und Érmones 74 im Norden über Pélekas 71 bis hin nach Ágios Matthéos 67 gelangt man über Stichstraßen zu den schönen Sandstränden und dort angesiedelten Unterkünften.

Landschaftliche Abwechslung bietet die **Rópa-Ebene** im Zentrum der Region zwischen Ost- und Westküste. Das fruchtbare Tal entlang des kleinen Flusses Rópa fungiert als wichtiges Ökosystem und lässt die Herzen von Naturfreunden höher schlagen. In der reizvollen Umgebung befindet sich der **einzige Golfplatz** der Ionischen Inseln (s. S. 95).

◁ *Hoch auf den Felsen thront das Kloster Paleokastrítsa* 49

52 Ípsos und Pirgí ★ [D3]

Ύψος, Πυργί

Die Orte Ípsos und Pirgí im Nordosten der Region sind **nahezu zusammengewachsen**. Nüchtern präsentieren sie sich beim Durchfahren an der viel befahrenen Küstenstraße. Dennoch ist die Bucht von Ípsos besonders bei **jungen Urlaubern** beliebt. Die touristische Infrastruktur, zu der z. B. Tavernen, Bars und Souvenirläden zählen, zieht sich entlang der Hauptstraße, welche unmittelbar an den **schmalen Strand** grenzt. Einen ruhigen Strandtag ohne Verkehrslärm kann man hier jedoch nicht verbringen.

> **Marilena Premium Hotel** €€ <069> Pirgí, oberhalb der Bucht von Ípsos, www.marilenahotel.com, Tel. 26610939813. **Klassische Architektur, modernes Interieur:** Das familiengeführte Hotel mit 86 Zimmern punktet mit toller Aussicht auf die Bucht, sehr freundlichem Service und einer angenehmen Atmosphäre. Mit Restaurant, Pool, Poolbar und Fitnessraum. Die Größe und Ausstattung der stilvoll gestalteten Zimmer variieren.

53 Áno Korakiána ★ [C3]

Άνω Κορακιάνα

Das **traditionelle Bergdorf** an den Ausläufern des Pantokrátor (s. S. 38) hat sich seinen ursprünglichen Charakter bewahrt. Die Häuser weisen viele Stilelemente aus der venezianischen Zeit auf. Áno Korakiána gilt noch heute als eines der schönsten Dörfer Korfus und war aufgrund der Vielzahl an **Olivenhainen** in der Umgebung früher zudem sehr wohlhabend. Zeugnis hiervon legen die Gebäude und die **mehr als 30 Kirchen** des Ortes ab.

Heute leben hier noch ca. 800 Einwohner, die zu den Feiertagen ein **reges kulturelles Leben** pflegen. Das Dorf blickt auf eine lange musikalische Tradition zurück und besitzt seit 1958 eine eigene **Philharmonie** – so nennt man auf Korfu die Musikvereine (s. S. 23). Die Nähe zu den Stränden an der Ostküste macht das traditionelle Dorf auch für Urlauber interessant.

54 Káto Korakiána ★ [D4]

Κάτω Κορακιάνα

Knapp 5 km von Áno Korakiána 53 entfernt befindet sich das Dorf Káto Korakiána. Der Ort mit seinem **hübschen Dorfplatz** sowie einigen kleinen Märkten und Tavernen ist von Olivenhainen umgeben. Ein Spaziergang durch die **verwinkelten Gassen** mit traditioneller Architektur und alten Kirchen lohnt sich.

Essen und Trinken

> **60 Needles** € <070> direkt am Dorfplatz, Tel. 2661093609, Facebook-Seite, geöffnet: Mai–Okt. tgl. ab 12 Uhr. Leckeres Essen zu vernünftigen Preisen in familiärer Atmosphäre. Es gibt eine kleine Speisekarte und jeden Tag zwei bis drei frische Tagesgerichte.

> **Etrusco** €€€€ <071> Abzweig der Hauptstraße zwischen Dassiá und Ípsos in Richtung Káto Korakiána folgen, ab dort ausgeschildert, www.etrusco.gr, geöffnet: tgl. ab 20 Uhr. Spitzengastronomie für den besonderen Abend. Chef Botrini kreiert wunderbare Gerichte, die man in einem lauschigen Innenhof genießt. Das Restaurant ist bei Gourmets weit über die Grenzen Korfus hinaus bekannt.

> *Bildschön: das Kirchlein Ipapantí ist umgeben von Wasser*

55 Dassiá ★ [D4]

Δασιά

Dassiá gehört zu den **touristischen Zentren** an der Ostküste. Hier findet der Urlauber von luxuriösen Hotels über zahlreiche Tavernen und Einkaufsmöglichkeiten bis hin zu Bars und Klubs alles für einen abwechslungsreichen Urlaub. Aufgrund der **zentralen Lage** nahe der Hauptstadt und der **guten Busanbindung** eignet sich der Ort besonders für Urlauber, die die Insel ohne Mietauto erkunden möchten.

Strände

Beim **Dassia Beach** handelt es sich um einen **Kieselstrand**, es gibt allerdings auch sandige Abschnitte und **Liegewiesen**, die von den ansässigen Hotels angelegt wurden. Für **Wassersportbegeisterte** bietet sich in Dassiá die Möglichkeit zu surfen, Wasserski zu fahren oder ein Tretboot auszuleihen. Auch für **Taucher** ist die Gegend attraktiv: Sie können hier beispielsweise im klaren Wasser die „**Deadly Rocks**", eine Felsgruppe vor der Küste, erkunden.

Nachtleben

› **Edem Beach Club** €€ <072> am nördlichen Ende der Bucht, www.edemclub.com, Tel. 2661093013, geöffnet: tgl. ab 11 Uhr bis Sonnenaufgang. Tagsüber gemütliche Strandbar und nachts angesagter Klub mit internationalen DJs.

› **Tartaya Tiki Bar** €€ <073> direkt an der Ortsdurchfahrt von Dassiá in Richtung Ípsos, rechte Straßenseite, Tel. 6947691335, www.facebook.com/tartayabar. Hier werden in einem hübschen Garten leckere Cocktails unter Palmen kredenzt. In der Hochsaison (Juni–Sept.) finden abends oft Events mit Gast-DJs statt. WLAN.

56 Halbinsel Komméno ★ [D4]

Κομμένο

Zwischen den Orten Dassiá 55 und Gouviá 58 erstreckt sich die kleine Halbinsel Komméno. In der **reizvollen Gegend** finden sich fürstliche Hotels, private Luxusvillen und exklusive Apartments. Ausnahmen bestätigen die Regel und wer auf der Suche nach einem kleinen, familiengeführten Hotel ist, wird mit dem inmitten eines Olivenhains gelegenen **Hotel Nefeli** fündig. Auf der Halbinsel ist die kleine **Kirche Ipapantí** 57 ein echter Blickfang.

57 Kirche Ipapantí ★ [D4]

Εκκλησία της Υπαπαντής

Wer außerhalb von Gouviá 58 dem Wegweiser zur Halbinsel Komméno 56 folgt und auf dem Uferweg bleibt, trifft unweigerlich auf das kleine Kirchlein, ein wahrhaft **fotogenes Kleinod**, vor allem in den Morgenstunden.

Über einen kurzen **Steg** erreicht man die auf einer **winzigen Halbinsel** gelegene Kapelle, die bereits im Jahre 1713 von den Venezianern erbaut

wurde. Von hier aus lässt sich ein herrlicher Rundblick über die **Bucht von Gouviá** genießen.
> tgl. ab 12 Uhr zugänglich, Eintritt frei

Unterkunft
> **Hotel Nefeli** €€ <074> mitten auf der Halbinsel Komméno, Tel. 2661091033, www.hotelnefeli.com. **Charmante Herberge:** Eine willkommene Abwechslung zu den exklusiven Hotels auf der Halbinsel bietet das kleine, bei deutschsprachigen Gästen sehr beliebte Hotel, das viele Stammgäste anzieht. Der Ruhe und Erholung suchende Gast wird sich in diesem familiär geführten Haus mit 45 Doppelzimmern wohlfühlen. Großer Garten mit Pool und zuvorkommender Service.

Essen und Trinken
> **Apovrado** € <075> von der Inselrundstraße Wegweiser zum Hotel Nefeli folgen, von dort ausgeschildert, Tel. 2661091322, geöffnet: Mai–Okt. tgl. ab 12 Uhr, Tolle Lage in der Bucht mit herrlichem Ausblick. Sehr üppige Vorspeisenteller und köstliche Fischplatten. Am Wochenende wird es sehr voll, da die Taverne auch bei den Einheimischen ausgesprochen beliebt ist. Eine Reservierung ist dann angebracht.
> **O Mylos** € <076> nahe des Hotels Nefeli, dort ausgeschildert, Tel. 2661091018, Facebook-Seite, geöffnet: tgl. ab 18 Uhr. Die Taverne ist gut an dem großen Mühlrad zu erkennen, das sich abends beleuchtet dreht. Gute Küche zu vernünftigen Preisen. Der schöne Blick in Richtung Jachthafen ist inklusive.

58 Gouviá ★ [D4]
Γουβιά

Der Ort an der **gleichnamigen Bucht** gehört zu den **touristischen Zentren** Korfus. Pauschalurlauber aus aller Welt sind hier zu Gast, entsprechend ausgeprägt ist die touristische Infrastruktur.

Bekannt ist Gouviá auch durch den Jachtversorgungshafen **Gouviá Marina**. Er zieht alljährlich viele Segelurlauber an, die das Revier rund um die Ionischen Inseln erkunden. Unweit des Strandes kann man Reste venezianischer Schiffshäuser bewundern. Schon im 17. Jh. wurde die Bucht von Gouviá wegen der geschützten Lage als Basis der Marine von den Venezianern genutzt. Die **Werftanlage** (Hinweisschild „Venetian Shipyards") wurde bereits im frühen 18. Jh. erbaut. Außer Mauerresten und -bögen ist heute von den Gebäuden allerdings nicht mehr viel zu sehen.

Unterkunft
> **Pension Ipiros** € <077> zurückversetzte Lage parallel zur Durchfahrtstraße, Tel. 2661091278, www.pension-ipiros.de. **Klein, persönlich und preiswert:** Gemütliche Pension etwas außerhalb des Ortszentrums. Der familiengeführte Betrieb überzeugt mit freundlicher Betreuung und günstigen Zimmerpreisen.

Essen und Trinken
> **Taverna Vergina** € <078> im Zentrum von Gouviá, Tel. 2661090093, www.verginacorfu.com, geöffnet: tgl. ab 9 Uhr. Die bekannte Taverne bietet gute Qualität zu moderaten Preisen. Hat man sich an das leicht kitschig anmutende Interieur mit Nischen und Skulpturen gewöhnt, kann man hier bei ausgezeichnetem Service wunderbar essen.

59 Kontókali ★ [D4]
Κοντόκαλι

Der Küstenstreifen bei dem **ehemaligen Fischerdorf** ist geprägt von einem großen Hotel, welches die kleine

KURZ & KNAPP

Die Insel Lazaréto

Das kleine Inselchen **Lazaréto** [E4], ca. zwei Seemeilen nördlich von Kontókali ⑤⑨, wurde 1992 zum **nationalen historischen Monument** erklärt und hat eine bewegte Geschichte. Bereits im 16. Jh wurde ein **Kloster** errichtet, von dem heute allerdings kaum etwas erhalten ist. Bis zu Beginn des 20. Jh. wurde die Insel nach dem Vorbild der venezianischen Laguneninsel Lazzaretto Vecchio als **Quarantänestation für Seefahrer** genutzt. Hieraus erklärt sich auch die Namensgebung des kleinen Eilands.

Während des **Griechischen Bürgerkriegs** (1946–1949) nutzte das Militär die Insel als **Gefängnis** und vollstreckte hier Todesurteile. Mindestens 200 Regimegegner wurden auf Lazaréto anonym bestattet. Zum Gedenken an die Opfer findet jedes Jahr eine Kranzniederlegung am Platz der Hinrichtungen statt.

Urlauber können die Insel leider **nicht besichtigen**.

Halbinsel in großen Teilen einnimmt. Direkt vor dem Hotel erstreckt sich ein **schöner Strand**, der öffentlich zugänglich ist.

Der **Ortsname** geht auf den griechischen Kapitän Christoforos Kontokalis zurück. Ihm war es gelungen, eine türkische Galeere zu entern und nach Korfu zu verbringen. Zum Dank erhielt er das Gebiet des heutigen Kontókali von den Venezianern als Schenkung. Die **kleine Halbinsel**, auf der sich heute das bereits erwähnte Hotel befindet, wird von den Einheimischen **Gerékou-Insel** genannt, benannt nach der Fischerfamilie Gerekos, die sich bereits um 1700 in der Gegend niederließ. Der Familienname Gerekos ist deshalb heute in Kontókali sehr häufig vertreten.

› **Harry's Taverna** € <079> aus Richtung Korfu-Stadt am Ortseingang von Kontókali die erste Parallelstraße zur Küstenstraße rechts abbiegen, nach ca. 200 m auf der rechten Straßenseite, Tel. 2661091814, www.harrystavernacorfu.com. Traditionsreiche Taverne, die von der Familie Gerekos bereits in der dritten Generation geführt wird. Zuvorkommende Bedienung und gutes Preis-Leistungs-Verhältnis.

⑥⓪ Museum Kapodístrias ★ [D5]

Μουσείο Καποδίστριας

Das Museum ist ca. 7 km von Korfu-Stadt entfernt im Dorf **Evropoúli** zu finden. Es widmet sich dem berühmten korfiotischen Politiker **Ioannis Kapodistrias** und ist im ehemaligen **Landhaus** der Familie Kapodistrias untergebracht. Er wurde im Jahre 1776 auf der Insel geboren. Im Alter von 32 Jahren begann seine Laufbahn als Diplomat unter Zar Alexander I. Er trat 1821 von seinem Amt als Staatssekretär zurück, da seine Unterstützung des griechischen Freiheitskampfes beim Zar keine Billigung fand. Graf Kapodistrias war von 1828 bis 1831 erster Präsident des befreiten Griechenlands. Im Oktober 1831 wurde er in Náfplion ermordet.

Die **Dauerausstellung** präsentiert im gesamten Gebäude authentische Exponate wie Medaillen, Bücher, Karten, religiöse Symbole und Erinnerungsstücke, die Ioannis Kapodistrias während seiner Karriere im Dienste des Zaren Alexanders I. erworben hatte. Antike Möbel und Archivmaterialien aus ganz Europa zum Leben eines der berühmtesten Söhne Korfus sind hier ausgestellt.

Die Mitte: Region Mésis

> **EXTRATIPP**
>
> **Wein und Gastronomie auf dem Landgut**
> Hier wurde ein alter Landsitz wieder zum Leben erweckt: Inmitten von Weinbergen in der fruchtbaren Mitte der Insel hat sich eine Art **Erlebnisgastronomie** etabliert, mit gelebten Tradition und spürbarer Liebe zur korfiotischen Küche. Am Abend wird der Hof zur **Taverne**, deren regionale Gerichte den Gaumen verwöhnen. Verwendet werden ausgesuchte Zutaten aus eigenem Anbau bzw. von lokalen Erzeugern. Im angeschlossenen **Shop** kann man eine Auswahl der lokalen Produkte erwerben.
> › **Landgut Ambelonas** <081> Karoumpatika, Straße Richtung Pélekas, ca. 15 Min. Fahrt von Korfu-Stadt, Tel. 6932158888, http://ambelonas-corfu.gr, geöffnet: Juni–Okt. Mi., Do. u. Fr. 19–23 Uhr, Dez.–Mai nur So. 13–18 Uhr

Vom **Park** des Geländes bietet sich eine herrliche Sicht auf das Meer und Korfu-Stadt. In den Sommermonaten finden hier Ausstellungen, Konzerte und andere **kulturelle Veranstaltungen** statt. Informationen hierzu werden aktuell auf der auch auf Englisch verfügbaren Website des Museums bekannt gegeben.
› in der Nähe von Potamós, ca. 1 km nordwestlich von Evropoúli, Tel. 2661032440, https://capodistrias museum.com/en, Di.–So. 10–16 Uhr, an allen nationalen Feiertagen geschlossen, Eintritt: Erw. 5 €, ermäßigt 3 €, Kinder (unter 18 Jahren) frei. Freier Zugang zum Garten und Souvenirshop. Touren mit Audioguide (u. a. griechisch/englisch).

61 Ágios Ioánnis ★ [D5]

Άγιος Ιωάννης

Der Ort liegt zentral in der Region Mésis, und zwar direkt an der Straße, die Korfu-Stadt mit den Orten der Westküste (Pélekas 71, Vátos und Érmones 74) verbindet. Der große Wasserpark **Aqualand** (s. S. 126) ist nur wenige Minuten entfernt. Durch seine **zentrale Lage** ist Ágios Ioánnis ein idealer Ausgangspunkt für Unternehmungen in alle Himmelsrichtungen. Nach Osten erreicht man schnell Korfu-Stadt, in Richtung Westen bieten sich Ausflüge nach Érmones sowie zum Strand und Kloster Panagía Mirtiótissa 73 oder aber ein Badetag an den schönen Stränden bei Pélekas und Glifáda 72 an.

Trotz der touristischen Einrichtungen mit großem Hotel und dem Aqualand hat sich Ágios Ioánnis seinen typisch griechischen Charakter bewahrt. Den Mittelpunkt des Ortes wie auch des Lebens bildet der **schöne Dorfplatz**. Im Sommer findet in Ágios Ioánnis regelmäßig das Musikfestival **AgiotFest** (s. S. 99) statt.
› **Spiros & Vasilis** €€€ <080> vorbei am Aqualand (ausgeschildert) in Richtung Vasiliká, nach ca. 200 m rechts abbiegen (Hinweisschild), www.spirosvasi lis.com, geöffnet: tgl. ab 19 Uhr. Wer abseits der klassisch-griechischen Tavernenkost speisen möchte, ist hier richtig. Chef Spiros Polymeris verbindet stilvolles Ambiente in einem hübschen Garten mit seiner Liebe zur französischen Küche. Besonders zu empfehlen sind die Steakvariationen.

› *Im Innenhof des Achilleion begrüßen neun Musen und drei Grazien den Besucher*

62 Achilleion ★★★ [E6]

Αχίλλειο

Das Achilleion ist untrennbar mit der Lebensgeschichte der österreichischen Kaiserin Elisabeth verbunden, die den meisten unter dem Namen Sisi bekannt ist. Die herrschaftliche Palastanlage südlich der Hauptstadt, bei Gastoúri, steht heute auf der Besuchsliste von Korfu-Urlaubern ganz oben. Benannt ist der Palast nach der Figur des Achilles aus der griechischen Mythologie, für die Sisi eine große Faszination hegte.

Geschichte

Bereits 1861 wurde **Kaiserin Elisabeth** (1837–1898) bei ihrem ersten Besuch auf Korfu von den herrlichen Landschaften der Insel verzaubert. Es sollte allerdings dreißig Jahre dauern, bis sie den Grundbesitz des heutigen Palastes im Jahr 1889 erwarb. Sie beauftragte die erfahrenen italienischen Architekten Rafaele Carito und Antonio Ladi mit dem Bau eines Sommerpalastes an dieser exponierten Lage auf einem Hügel. Nach nur zwei Jahren Bauzeit war der eindrucksvolle Sommerpalast mit dem traumhaften Park fertiggestellt. Bis 1898 diente das Achilleion als Residenz der Kaiserin.

Nach ihrem Tod stand der Palast zehn Jahre lang leer und wurde schließlich 1907 vom deutschen **Kaiser Wilhelm II.** (1859–1941) erworben. Er nutzte das Achilleion bis 1914 mehrmals im Frühjahr als Residenz, um den Feierlichkeiten zum griechischen Osterfest beizuwohnen. Die Eindrücke von seinen Aufenthalten auf der Insel hielt er in dem Buch „Erinnerungen an Korfu" fest. Danach stand das Achilleion erneut leer, bis es Ende 1915, also im Ersten Weltkrieg, von französischen Truppen als **Hauptquartier und Lazarett** genutzt wurde. Erst nach dem Vertrag von Versailles 1919 fiel das Achilleion wieder an den griechischen Staat zurück, bevor es im Zweiten Weltkrieg von italienischen und

deutschen Besatzungstruppen wiederum als Hauptquartier und Lazarett diente.

Der Zahn der Zeit und die Nutzungsweise hatten dem Gebäude schwer zugesetzt, es war dem Verfall nahe. Nach der Befreiung Griechenlands mietete die griechische Kasino-Gesellschaft den Komplex an und sorgte für eine Renovierung. Im oberen Stockwerk wurde damals das **erste Spielkasino Griechenlands** eingerichtet. Davon ist jedoch heute nichts mehr zu sehen.

Gegenwärtig lassen sich **einige Räume besichtigen,** die zu einer Art **Museum** unfunktioniert wurden, in dem Erinnerungsstücke an Sisi und den Kaiser ausgestellt sind. Das schönste ist jedoch der **wunderschöne Park** und die **Aussicht,** die man von der **obersten Terrasse** genießt. Viele der Statuen im Park kaufte Sisi während einer Italienreise, darunter Kopien aus den Museen von Neapel und Florenz. Eines der Schmuckstücke ist eine Skulptur des sterbenden Achill.

Rundgang durch den Palast

Wenn man den Palast betritt, steht man in einer großzügigen **Eingangshalle.** Auffällig hier die Decke mit eindrucksvollen Freskomalereien des Italieners Galoppi zum Thema der vier Jahreszeiten und der Zeit. Rechts und links des prachtvollen **Treppenaufgangs** mit dem bronzenen Treppengeländer werden Besucher von den Bronzestatuen des Zeus und der Hera begrüßt. Der Raum rechts von der Eingangshalle wurde auf Wunsch von Kaiserin Elisabeth als **Kapelle** ausgestattet. Sehenswert ist hier das Fresko eines unbekannten Malers in der Kuppel, das Jesus Christus vor Pontius Pilatus zeigt.

Die neben der Kapelle befindlichen Säle zeigen **Ausstellungsstücke** aus dem Leben der beiden berühmten Palastbesitzer, darunter viele Fotografien, Kopien von Gemälden, Dokumente über die Ermordung der Kaiserin in Genf und eine Büste ihres Gatten Franz Joseph. Ein Bild Wilhelms II. in Admiralsuniform, Gegenstände aus dem Besitz des Kaisers und sein Schreibtisch mit dem einzigartigen Stuhl in Form eines Sattels sind ebenfalls zu sehen.

Der erste Raum im linken Flügel des Palastes wurde bei der umfangreichen Renovierung 1962 in ein Büro und Empfangszimmer umgewandelt. Ein weiterer Saal diente früher als **Speisezimmer,** heute sind hier weitere Erinnerungsstücke beider kaiserlichen Hoheiten ausgestellt, unter anderem das Schwert Franz Josephs und ein Porträt des österreichischen Kaiserpaars. Die Möbel stammen aus der Zeit Kaiser Wilhelms.

Setzt man den Rundgang fort, gelangt man in einen kleinen Raum, der die Begeisterung Elisabeths für die griechische Mythologie widerspiegelt. Die **Marmorreliefs** zeigen u.a. den Aufstieg von Orpheus und Eurydike aus der Unterwelt in Begleitung von Hermes, dem Götterboten. Im nächsten Saal befinden sich zahlreiche **Statuen und Büsten,** die Kopien von Werken aus italienischen Museen sind. Hier steht auch der Schreibtisch der Kaiserin nebst einem Bücherschrank mit eingearbeiteten Darstellungen antiker Gottheiten. In einer Vitrine sind Nachbildungen von Schmuckstücken der österreichischen Krone zu bewundern.

Der letzte Saal im Erdgeschoss zeigt das **Schlafzimmer** der Kaiserin. Beeindruckend sind das Bett und

Die Mitte: Region Mésis

zwei geschnitzte Schränke. Neben dem Waschbecken mit dem Spiegel in Form eines Parallelogramms zieren weitere sehr schöne Spiegel den Raum.

Zurück in der Eingangshalle sieht man oberhalb des Treppenaufgangs ein beeindruckendes **Gemälde** des österreichischen Malers **Franz Matsch**, einem Zeitgenossen Gustav Klimts. Es ist auf Leinwand gemalt und hat gewaltige Ausmaße: 4 mal 10 Meter. Es heißt „Der Triumph des Achilles" und zeigt Achill aufrecht stehend auf seinem Streitwagen, eingehüllt in eine Staubwolke und den Leichnam Hektors mitschleifend. Leider kann man dieses imposante Gemälde nicht aus der Nähe betrachten, denn das **obere Stockwerk** ist **für die Öffentlichkeit nicht freigegeben.**

Erkundung des Parks

Beim Verlassen des Gebäudes erreicht man eine **kleine Treppe** mit den Götterstatuen von Apoll, Hermes, Artemis und Aphrodite. Von der Treppe geht es weiter zum sogenannten **Peristyl**, einem von Säulen umgebenen Innenhof im ionischen Stil. Das Peristyl ist mit Statuen der neun Musen und drei Grazien geschmückt.

Wenige Meter weiter, direkt am Zugang zur nächsten Ebene des Parks, stehen die beiden **Bronzestatuen „Angreifende Ringer"**. Sie stehen sich gegenüber und vermitteln den Eindruck, als würden sie gleich einen Ringkampf beginnen. Von dort geht es über **Stufen** weiter in das Zentrum dieser Parkebene. Hier steht die wohl bedeutendste und bekannteste Statue des Achilleion: „**Sterbender Achill**". Das Werk des deutschen Bildhauers **Ernst Herter** (1846–1917) wurde 1881 von Kaiserin Elisabeth in Auftrag gegeben. Auf einem Sockel ist der niedergestreckte Achill dargestellt, der mit leidvollem Gesichtsausdruck versucht, den tödlichen Pfeil aus der Ferse zu ziehen, den Paris auf ihn geschossen hat.

KURZ & KNAPP

Reste der Kaiser's Bridge
Zwischen Pérama [E6] und Benítses ❻❸ erkennt man die Überreste der sogenannten Kaiserbrücke. **Kaiser Wilhelm II.** legte hier mit seiner Jacht Hohenzollern an, um mit seinem Hofstaat zum **Achilleion** ❻❷ zu gelangen. Über die Straße führte damals eine Brücke als Verbindungsroute zum Schloss. Im Zweiten Weltkrieg musste für größere Fahrzeuge und Panzer Platz geschaffen werden und so wurde die Brücke kurzerhand gesprengt.

◣ *Bei einem Rundgang im Park des Achilleion bietet sich immer wieder eine beeindruckende Aussicht*

Geht man weiter bis zum Ende des Parks, stößt man auf eine **Marmorstatue**, die **Lord Byron** (1788–1824) zeigt, dessen Freiheitsliebe und Zuneigung zu Griechenland die Kaiserin bewunderte. Auf einem Sessel sitzend, stützt er nachdenklich den Kopf in die linke Hand. Die Darstellung ist eines der wenigen Werke im Achilleion, die weder ein Motiv aus der griechischen Mythologie noch eines aus dem klassischen Altertum darstellt.

Im großen **Garten** (Seeseite) wird Besuchern sofort das kolossale Standbild „**Siegreicher Achill**" auffallen. Die Bronzestatue, eine Arbeit des deutschen Bildhauers **Johannes Götz** (1865–1934), ist inklusive des Sockels mehr als elf Meter hoch und wiegt ca. 4,5 Tonnen. Kaiser Wilhelm II. ließ sie errichten. Wie Kaiserin Elisabeth bewunderte auch er das antike Griechenland und war von der Gestalt des Achill fasziniert. Anders als die frühere Besitzerin des Achilleion wollte er Achill jedoch als mutigen Kämpfer darstellen. Nach Ausführung des Auftrags wurde das Werk 1909 wegen der enormen Größe und des hohen Gewichts in Einzelteilen nach Korfu gebracht.

Nach Besichtigung der vielen Kunstwerke sollte man noch genügend Zeit einplanen, um sich den **blühenden Schönheiten** des Parks und den **famosen Aussichten** zu widmen.

> **Anfahrt und Parken:** Von Korfu-Stadt aus fährt der Stadtbus Nr. 10 von der Pl. San Rocco direkt zum Achilleion. Davor herrscht in der Hauptsaison aufgrund der vielen Ausflugsbusse absoluter Parkplatzmangel. Wer mit dem eigenen Fahrzeug kommt, sollte am besten schon um 8.30 Uhr dort sein.
> Gastoúri, Tel. 2661056245, geöffnet: tgl. 8.30–19, im Winter bis 16 Uhr, Eintritt: 8 €

63 Benítses ★ [E7]
Μπενίτσες

Benítses war ursprünglich ein Fischerdorf, wovon heute aber kaum noch etwas zu merken ist. Der Ort hat sich inzwischen zu einem Touristenzentrum entwickelt. Der vor einigen Jahren neu gebaute **Jachthafen** zieht ein internationales Publikum an, das im **alten Ortskern** schöne Tavernen, Bars und Cafés vorfindet.

Für **Wanderfreunde** bietet sich das fruchtbare Hinterland mit den **Wasserquellen** in Richtung Ágii Déka 64 an. Die Hinweisschilder „Water Springs" sollte man allerdings nicht wörtlich nehmen, denn in den Sommermonaten fließt dort höchstens ein Rinnsal. Eine fast schon **märchenhafte Waldlandschaft** und tolle Ausblicke lohnen jedoch in jedem Fall einen Ausflug in das Hinterland von Benítses.

Die Bademöglichkeiten am **schmalen Kiesstrand**, der sich entlang des Ortes zieht, sind sehr dürftig.

> **EXTRATIPP**
> **Corfu Shell Museum**
> Das kleine Museum in Benítses 63 befindet sich seit dem Umzug 2015 direkt an der Durchfahrtstraße (Ortsmitte) neben dem Potamaki Beach Hotel. Die private Sammlung zeigt seltene Muscheln aus aller Welt und neben präparierten Fischen auch Seesterne und andere maritime Wesen.
> > **Corfu Shell Museum** <082> Tel. 2661072227, geöffnet: tgl. 10–18 Uhr, Eintritt: 4€

> *Ein schmaler Meereszufluss trennt die Orte Moraítika und Messonghí*

Die Mitte: Region Mésis 73

64 Ágii Déka ★★ [E6]
Άγιοι Δέκα

Zwischen den Küstenorten Benítses 63 im Osten und Ágios Górdis 69 im Westen erhebt sich der **zweithöchste Berg der Insel** mit dem **gleichnamigen Ort**. Nicht zu übersehen ist die **weiße Radarkuppel** auf dem Gipfel. Ein Spaziergang vom Dorf bis zum Hochplateau (Dauer ca. 1 Std., auf die Markierungen des Corfu Trail achten, s. S. 92) mit dem ehemaligen **Kloster Pantokrátoras** und der gleichnamigen Kirche lohnt auf jeden Fall die Mühe, denn die Aussicht von hier oben ist grandios. Das Kloster ist frei zugänglich, im Garten der Anlage gibt es einen schönen **Rastplatz**.

65 Moraḯtika und Messonghí ★★ [F8]
Μωραΐτικα, Μεσογγή

Die beiden Orte sind zu einem beliebten und touristisch erschlossenen **Urlaubszentrum** zusammengewachsen, getrennt nur durch einen **Fluss**, an dem malerisch Fischer- und Ausflugsboote festgemacht sind – denn hier wird noch heute Fischfang betrieben.

In **Moraḯtika** finden sich die touristischen Einrichtungen wie Tavernen, Märkte, Autovermietungen etc. entlang der Hauptstraße. Einige recht große Hotelanlagen reihen sich an der Meerseite aneinander. Der alte Ortskern des Dorfes liegt oberhalb der Hauptstraße am Berghang. Der Aufstieg lohnt allein schon wegen der dort ansässigen empfehlenswerten Tavernen.

Der Ort **Messonghí** verläuft parallel zum Strand und bietet dem Urlauber ein vielfältiges und dicht gedrängtes Angebot an kleinen Hotels, Tavernen, Bars und Minimärkten.

Ein **grobsandiger Strand** erstreckt sich entlang beider Orte, wobei der Strand in Moraḯtika etwas breiter ist. Das **flach abfallende Ufer** wissen besonders Familien mit kleinen Kindern zu schätzen.

Unterkünfte
› **Rossis Beach Hotel** €€ <083> am Strand von Messonghí, www.rossisbeachhotel.com. **Wohnen mit Meerblick:** Die Familie Rossis leitet das klassische Apartment-Hotel bereits seit 1979 und sorgt mit familiärer Atmosphäre für das Wohl der Gäste. In den Ort mit Tavernen und Einkaufsmärkten sind es nur wenige Gehminuten.
› **Three Stars Hotel Village** €€ <084> am Strand von Moraḯtika, www.corfu3starshotel.com. **Ein Platz im Grünen:** familiengeführtes Hotel mit Bungalows und Poolanlage in schöner Lage direkt am Meer. Saubere, landestypisch dekorierte Zimmer und sehr freundliches Personal. Die Anlage ist umgeben von einem hübschen Palmengarten.

Die Mitte: Region Mésis

EXTRATIPP

Mavroudis Family Museum: Olivenölproduktion gestern und heute

Unweit von Messonghí ⑥⑤, an der Straße nach Lefkími ⑧⓪, betreibt die Familie Mavroudis eine moderne **Olivenölproduktion** und stellt in einem **kleinen Museum** die traditionellen, oft mühsamen Methoden der Ölgewinnung vor. Einzelne Gerätschaften wie Mühlen und Pressen lassen sich auf die Jahre 1850 und 1906 datieren.

Die Familie besitzt seit vielen Generationen eine große Anzahl von Olivenbäumen, die Brüder Spiros und Vangelis betreiben ihre moderne Ölgewinnungsanlage bereits seit 1993. Die Qualität des Olivenöls aus dem Hause Mavroudis ist heute weithin bekannt. Der Familienbetrieb bietet regelmäßig **kostenlose Führungen** an und erklärt dabei den gesamten Produktionsprozess. Selbstverständlich besteht die Möglichkeit, das Olivenöl aus lokalem Anbau zu verkosten und käuflich zu erwerben.

› **Mavroudis Family Museum** <087> Vraganiótika, an der Hauptstraße von Messonghí in Richtung Lefkími (ausgeschildert), Facebook: Mavroudis family museum and modern olive oil press corfu, geöffnet: Mo.–Sa. 8.30–20.30, So. 9–13 Uhr, Eintritt frei

▷ *Eingangsbereich der Burg Gardíki: Die byzantinische Anlage aus dem 13. Jahrhundert gehört neben Alter ❶ und Neuer Festung ⑬ in Korfu-Stadt sowie der Burg Angelókastro ㊻ zu den sehenswerten Festungsanlagen der Insel Korfu.*

Essen und Trinken

› **Archontiko** €€€ <085> Chlomatianá, Straße nach Lefkími, Abzweig bei Vraganiótika zum Bergdorf Chlomatianá, wenige Kilometer oberhalb von Messonghí, Tel. 2661075851, Facebook: archontikocorfu, geöffnet: tgl. ab 12 Uhr. Das Restaurant Archontiko steht auf einem Hügel mit bester Aussicht und bietet schon durch die Bauweise ein außergewöhnliches Ambiente. Das exzellente Essen und der ausgezeichnete Service zu moderaten Preisen sind in jedem Fall einen Besuch wert.

› **The Village Taverna (Moraítika)** €€ <086> im alten Ortskern von Moraítika (ausgeschildert), Tel. 2661076403, geöffnet: tgl. ab 18 Uhr. Mit Herzblut geführtes Familienunternehmen im alten Moraítika, das in den einschlägigen Bewertungsportalen völlig zu Recht einen Spitzenplatz innehat. Auf der schönen Terrasse lassen sich typisch griechische Speisen genießen, die Gastgeber überzeugen mit bestem Service und viel Herzlichkeit. Wegen des hohen Bekanntheitsgrads kann es in der Saison durchaus mal eng werden, aber Wirt Nikos findet meist eine Lösung.

⑥⑥ Burg Gardíki ★ [E8]

Γαρδίκι

Westlich von Messonghí ⑥⑤ und südlich von Ágios Matthéos ⑥⑦ stößt man auf diese **byzantinische Burg** aus dem 13. Jh. Das Innere der achteckigen Festung mit ihren acht Türmen gleicht einer **Ruine**.

Nur ein kurzes Stück in Richtung Paramónas ⑥⑧ weist ein **Hinweisschild** den Weg zu einer kleinen, interessanten **Höhle**, der **Gráva Gardikíou**, die frei zugänglich ist. Hier wurden Werkzeuge und Tierknochen aus dem Jungpaläolithikum (20.000

v. Chr.) gefunden, die heute im Archäologischen Museum ⓮ in Korfu-Stadt ausgestellt sind.

⓰ Ágios Matthéos ★★ [E8]
Άγιος Ματθαίος

Umgeben von **Olivenhainen** liegt das hübsche Dorf am Fuße des **Berges Prasoúdi** (463 m). Besonderes Flair vermitteln die **Cafés und Geschäfte** entlang der Durchfahrtsstraße, die zu einer Rast inmitten des korfiotischen Alltagslebens einladen. Der ca. 1500 Einwohner zählende Ort ist vom Tourismus noch weitgehend unbeeinträchtigt geblieben. Urlauber verirren sich meist nur hierher, um zum unbewohnten Pantokrátoras-Kloster auf dem Gipfel des Berges zu wandern und die **Aussichtspunkte** zu erleben. Vom Dorf aus erreicht man den Gipfel auf gut ausgeschilderten Wegen in ca. 1 Std.

⓰ Paramónas ★★ [D7]
Παραμόνας

Von Ágios Matthéos ⓰ führt eine Straße hinab zu dem **kleinen Küstenort**. Wenige Häuser, einige Tavernen, das kleine Paramonas Hotel sowie der ca. 300 m lange Strand machen den Ort perfekt für Urlauber, die Ruhe, Abgeschiedenheit und Entspannung suchen.

Wem der Sinn eher nach Abwechslung steht, fährt von Paramónas etwas südlich zu den **Stränden Prasoúdi, Kanoúli und Skídi**, die auch in der Hochsaison nicht überlaufen sind.

Unterkunft
› **Paramonas Hotel** €€ <088> etwas zurückversetzt (80 m) am Südende des Strandes, www.paramonas-hotel.com. **Ruhig und idyllisch:** kleines, familiengeführtes Hotel in Strandnähe. Alle 22 Zimmer haben Meerblick. Mit Taverne und Bar.

Essen und Trinken

> **Avra Oceanos** € <089> ca. 1 km südlich von Paramónas am Prasoudi Beach, Tel. 2661076358, geöffnet: tgl. ab 10 Uhr. Familiengeführte Taverne mit gutem Preis-Leistungs-Verhältnis. Von hier lassen sich spektakuläre Sonnenuntergänge beobachten.

69 Ágios Górdis ★★ [D6]

Άγιος Γόρδις

Ágios Górdis, auch **Ágios Górdios** genannt, ist eine der bekanntesten Feriensiedlungen an der Westküste. Der ca. 1 km lange **Sandstrand** bietet **beste Bademöglichkeiten** und ist durch die beeindruckende Lage der Bucht mit der spitzen, vorgelagerten **Felsformation Orthólithos** im Meer sehr beliebt. Die Straße nach Paramónas 68 bietet den schönsten Blick auf die Bucht und die bizarren Felsen. Besonders groß ist der Andrang der Badegäste in der Hochsaison – dann sind **Parkplätze** am Strand Mangelware.

An der kurzen Hauptstraße zum Strand reihen sich **Geschäfte und Tavernen** aneinander. Etwas ruhiger geht es am nördlichen Ende der Bucht zu. Hier, bei der Strandbar Black Rocks Seaside (s. S. 77), wurde im Januar 2014 ein **Schiffswrack** angespült, das besonders zur „blauen Stunde" ein beliebtes Fotomotiv darstellt.

Blickt man auf die Bucht von Ágios Górdis, ragt in der Nähe des spitzen Orthólithos-Felsens landeinwärts eine Handvoll Häuser aus der grünen Umgebung. Das ursprüngliche Bergdörfchen **Pentáti** [D7] ist auf einem **Fußweg** von Ágios Górdis in ca. 30 Min. erreichbar. Der Weg ist das Ziel: Unterwegs eröffnen sich immer wieder großartige Ausblicke auf das Meer. Bevor es zurückgeht, hat man sich eine Pause in **Angela's Taverna** verdient.

> **www.pentati.com**: Informationen zum Ort, Historisches und Veranstaltungstipps liefert diese englischsprachige Website.

Unterkunft

› **Sea Breeze** €€ <090> am Strand von Ágios Górdis, www.seabreezecorfu.com. **Vom Bett direkt ins Ionische Meer:** Das Hotel Sea Breeze besticht durch seine unmittelbare Strandnähe. Schöne Anlage mit Apartments und Studios. Angeschlossenes Restaurant und Poolbar.

Essen und Trinken

› **Angela's Taverna** € <091> Pentáti, südlich von Ágios Górdis, Tel. 2661053116, Facebook: angelastaverna, geöffnet: tgl. ab 10 Uhr. Der Tipp für alle, die eine ursprüngliche Taverne mit hausgemachter korfiotischer Küche suchen. Hier werden ausgesuchte Zutaten aus dem eigenen Garten verarbeitet. Als Highlight gibt es eine wunderbare Aussicht obenauf.

› **Black Rocks Seaside** €€ <092> am nördlichen Ende der Bucht von Ágios Górdis, Tel. 2661053105, Facebook-Seite, geöffnet: tgl. ab 9 Uhr. Restaurant und Bar in idealer Lage direkt am Meer. Hier genießt man gutes Essen in entspannter Umgebung mit freundlichem Service. WLAN verfügbar.

70 Sinarádes mit Folklore-Museum ★★ [D6]

Σιναράδες

Im **Dorf abseits der Küste** mit seinen ca. 1100 Einwohnern lohnt ein Bummel durch die **engen Gassen** mit Häusern aus byzantinischer und venezianischer Zeit.

Besonders interessant ist das seit 1989 in einem schönen, ländlichen Wohnhaus in traditioneller Bauweise untergebrachte **Folklore-Museum**. Auf zwei Etagen bekommt man einen Eindruck, wie die Mittelschicht zwischen 1860 und 1960 in Zentralkorfu lebte. Im Obergeschoss sind Diele, Küche, Speisezimmer, Flur und Schlafzimmer mit entsprechender Möblierung und Gerätschaften dieser Zeit vorzufinden. Eine Innentreppe führt in den zweiten Stock, den man zunächst über ein kleines Vorzimmer betritt. Hier sind alte Bilder und Urkunden sowie einige Bücher ausgestellt. Der Hauptraum in der zweiten Etage beherbergt Trachten, Musikinstrumente, Handwerksgeräte, Keramik u. v. m.

Besonders stolz ist man hier auf die „**Papyrella**", ein Wasserfahrzeug aus Schilf (Papyrus). Bis kurz nach dem Zweiten Weltkrieg wurde ein solches Schiff von den Einheimischen an den Nord-West-Küsten noch als Transportmittel und zum Fischfang benutzt. Beim Ausstellungsstück handelt es sich um eine nach Überlieferungen gefertigte Nachkonstruktion einer größeren „Papyrella", die in der Jungsteinzeit von den Insulanern für ihre Reisen nach Italien genutzt worden war.

› **Folklore-Museum,** in der Dorfmitte (ausgeschildert), Parken am Eingang zum Dorf, geöffnet: Mo.–Sa. 9–14 Uhr, Eintritt: 2 €

71 Pélekas ★★ [D6]

Πέλεκας

Das **kleine Bergdorf** mit seinen ca. 500 Einwohnern liegt auf einer Anhöhe über der Bucht von Glifáda 72. Es ist weithin bekannt durch den **Aussichtspunkt Kaiser's Throne**, einer ausgeschilderten Kuppe auf der Höhe des Dorfes, von der aus

◁ *Der Felsen namens Orthólithos schmückt die Bucht von Ágios Górdis* der deutsche **Kaiser Wilhelm II.** den Panoramablick über die Insel und die einzigartigen Sonnenuntergänge genoss.

In früheren Zeiten war Pélekas bevorzugter Treffpunkt der Hippies. Nach wie vor ist der Ort bei **Individualtouristen** beliebt: Die Urlaubsgäste schätzen vor allem das Flair des Bergdorfs und die Nähe zu den beliebten Stränden.

Strände

Vom Bergdorf Pélekas führt eine Straße zum **Pelekas Beach** hinab, der auch als **Kontogialós** bezeichnet wird. Er ist von oben bei guter Kondition (steiler Weg!) in ca. 30–40 Minuten zu Fuß erreichbar. Der flach abfallende Strand ist bei Urlaubern mit kleinen **Kindern** beliebt. Die schönen Badebuchten **Gialiskari Beach, Glifada Beach** und **Mirtiotissa Beach** sind mit dem Fahrzeug schnell erreicht.

Unterkunft

› **Bella Vista** € <093> Pelekas Beach/Kontogialós, Tel. 2661094927, www.bellavistacorfu.com. **Der Name ist Programm:** Bella Vista heißt „schöner Ausblick". Die Pension befindet sich ca. 200 m vom Strand von Pélekas entfernt an einem Hang. Sie überzeugt ihre Gäste bereits in der dritten Generation mit einer persönlichen Atmosphäre und einem prächtigen Ausblick über die gesamte Bucht. Mit zugehörigem Restaurant (siehe unten).

Essen und Trinken

› **Restaurant Bella Vista** €, in der Pension Bella Vista (siehe oben), geöffnet: Mai–Okt. tgl. ab 18.30 Uhr. Zur Pension gehören ein Restaurant und eine Cocktailbar. Traditionelle korfiotische Küche, vor allem Fleisch- und Fischgerichte vom Grill. Serviert wird auf der überdachten Terrasse mit Sicht auf das Ionische Meer. Das Menü wird täglich individuell aus frischen, regionalen Zutaten zusammengestellt.
› **Pink Panther** €€ <094> Pélekas, Tel. 2661094360, geöffnet: tgl. ab 10 Uhr. Ein Klassiker in Pélekas. Griechische und italienische Küche mit sehr guter Pizza aus dem Holzofen, die sich auf der schönen Terrasse mit tollem Ausblick genießen lässt.

Einen eindrucksvollen Panoramablick über die Insel genießt man vom Kaiser's Throne in Pélekas

Nachtleben

› **Zanzibar** <095> am Dorfplatz von Pélekas, Tel. 6931053054, Facebook-Seite. Weithin bekannt und für Pélekas-Fans fast schon ein kultiger Treffpunkt. In der Musikkneipe wird im Sommer bis zum Morgengrauen gefeiert.

⓻ Glifáda ★ [D6]

Γλυφάδα

Die **Bucht von Glifáda** mit dem **langen, breiten Sandstrand** ist gleichermaßen beliebt bei Urlaubern und Einheimischen. Nicht wenige behaupten, der Strand gehöre zu den schönsten der Insel. Der weitläufige Küstenabschnitt zwischen Mirtiótissa ⓻ und dem Strand von Pélekas ⓻ mit dem sogenannten **Golden Beach** zieht entsprechend viele Badegäste an, die in den Tavernen und Bars entlang des Strandes vielfältige Abwechslung finden. Wer allerdings etwas Ruhe sucht, sollte sich zumindest in der Hochsaison nicht in die Nähe der Strandbars begeben. Hier geht schon tagsüber mit lauter Musik „die Post ab".

Auch an **Wassersportangeboten** herrscht kein Mangel. Wer hier Urlaub machen möchte, findet Hotels direkt am Strand sowie Apartment- und Ferienanlagen, die landschaftlich schön in die Hänge oberhalb des Strandes eingebettet sind.

⓻ Mirtiótissa mit Kloster Panagía Mirtiótissa ★★ [D5]

Μυρτιώτισσα

Kurz hinter Vátos ⓻ zeigt ein **Hinweisschild** den Weg nach **Mirtiótissa**, landschaftlich sicher einer der schönsten Strände Korfus. Hier finden **FKK-Anhänger** einen Rückzugsort. Vom einstigen Geheimtipp hat sich der Strand allerdings zum gut besuchten Badeort gewandelt. Die Natur hat in den letzten Jahren dafür gesorgt, dass der Strand immer schmaler wurde und Badegästen heute nur noch wenig Platz bleibt.

Das in herrlicher Lage ca. 200 m nördlich vom Strand befindliche **Kloster Panagía Mirtiótissa** (auch **Moni Myrtidión**) sollte sich der interessierte Urlauber nicht entgehen lassen. Heute kennt niemand das genaue Gründungsdatum des Klosters, es gibt nur sehr spärliche Aufzeichnungen eines Mönchs namens Amvrosios Paktitis, der von 1892 bis 1956 im Kloster lebte. Der ursprüngliche Name **Kloster der Jungfrau Maria von Myrtidiotissa** geht zurück auf eine **Legende**, die Amvrosios Paktitis für die Nachwelt auf einem einfachen Stück Papier niederschrieb: Der Mönch Daniel Kaggelaris, geboren im Königreich Persien, war zum orthodoxen Christentum übergetreten und hatte eines Nachts eine Vision, die ihn zum Berg Trialos führen sollte. Dort fand er eine Marienikone und erbaute an Ort und Stelle eine der Jungfrau Maria gewidmete Kirche. Die Begebenheit soll sich im 14. Jh zugetragen haben und aus der kleinen Kirche ist wohl das heutige Kloster entstanden.

Heute lebt **Vater Daniel** im Kloster und hält die Gebäude seit 2006 mit viel Engagement instand. Eines seiner Vorhaben ist es, die alte Olivenpresse von 1896 wieder funktionsfähig zu machen, um in Zukunft eigenes Öl zu pressen. Besucher führt Vater Daniel, der übrigens sehr gut Deutsch spricht, gerne durch das Kloster.

› **Kloster Mirtiótissa**, Vátos, geöffnet: tgl. 9–13 u. 17–21 Uhr, Eintritt: Spende für Instandhaltung

KURZ & KNAPP

Érmones – ein mythischer Ort?

Die Bewohner von Érmones sind sich sicher: Hier am Strand sind sich **Odysseus**, der Held aus Homers Erzählungen, und **Nausikaa**, die Tochter des sagenumwobenen Königs **Alkinoos**, begegnet. Odysseus erlitt durch den Zorn Poseidons in einem Sturm Schiffbruch und wurde an der Mündung des Flusses Rópa an Land gespült. Nausikaa war in einem Traum geraten worden, ihre Kleider am Fluss zu waschen. So ergab es sich, dass Nausikaa den gestrandeten Odysseus zu ihrem Vater Alkinoos, dem König der Phäaken brachte. Ein Schiff der Phäaken wurde ausgerüstet, um Odysseus die **Heimfahrt nach Ithaka** zu ermöglichen.

Das mythische **Scheria**, das schon im Altertum als **Korfu** interpretiert wurde, soll die letzte Station auf der Irrfahrt des Odysseus gewesen sein, bevor er nach Ithaka zurückkehrte. Ob es sich wirklich so zugetragen hat? Die Geheimnisse und Legenden um Scheria, Odysseus, Nausikaa und den Palast des Alkinoos werden wohl immer im Dunkeln bleiben. Auf Korfu indes hegt man keinen Zweifel, dass die Geschichte nur auf dieser wundervollen Insel gespielt haben kann!

› **Parken:** Es gibt nur sehr wenige Möglichkeiten, das Auto am Strand oder direkt beim Kloster abzustellen. Es empfiehlt sich, das Fahrzeug auf dem gebührenpflichtigen Parkplatz an der Zufahrt zum Strand zu parken und den Weg zu Fuß zurückzulegen (ca. 300 m).

74 Vátos und Érmones ★ [C5]

Βάτος, Έρμονες

Das kleine **Bergdörfchen Vátos** hat Charme und wer die Mühe auf sich nimmt, vom unteren Dorf bergauf zum alten Ortskern zu gelangen, genießt einen **wunderbaren Ausblick** auf die **Rópa-Ebene**. In Vátos geht es noch gemütlich zu, denn die meisten Urlauber zieht es an den knapp 2 km entfernten Strand von **Érmones**.

Die **kleine Bucht** mit dem nur ca. 200 m langen Sand-Kies-Strand liegt umrahmt von zwei Landzungen und steil ansteigenden Hängen. Der **Fluss Rópa** mündet hier in das Ionische Meer. Viele Hotels und Pensionen prägen das Landschaftsbild an den Hängen, auf Aktivurlauber warten zahlreiche **Wassersportangebote**. Ein Großhotel befördert die Hotelgäste über eine Standseilbahn an den Strand, der den zahlreichen Badegästen in der Hochsaison allerdings kaum ausreichend Platz bietet.

◁ *Die Korfioten sind sich einig: Érmones ist ein mythischer Ort!*

▷ *Blick über die Dächer des authentischen Bergdorfs Chlomós* 76

Der Süden: Region Lefkími

Die Region Lefkími bildet den südlichen Teil der Insel Korfu. Idyllische Orte an der Ostküste wie Boúkari ⓱ oder Petrití ⓲ und die wunderbare Landschaft rund um die einzigartige Lagune Korissíon (siehe rechts) findet man hier. Das Zentrum des Südens ist die Stadt Lefkími ⓳ mit ca. 5000 Einwohnern. Dennoch geht es in dem Ort noch recht beschaulich und ursprünglich zu.

Kilometerlange Sandstrände im Westen der Region, beginnend bei der Korissíon-Lagune über Ágios Geórgios Argirádon ⓯ und den herrlichen **Gardenos Beach** [G10] bei Vitaládes, machen die Region für Korfu-Urlauber sehr reizvoll. Das Bergdorf **Chlomós** ⓰ mit tollem Ausblick, der kleine Ort Marathías [G9] und Lefkími lohnen immer einen Besuch.

Kávos ganz im Süden der Region mit meist britischen Jugendlichen in Partylaune kann man **getrost umfahren,** denn griechisches Urlaubsgefühl wird man hier nicht finden.

⓯ Ágios Geórgios Argirádon ★★ [F9]

Άγιος Γεώργιος Αργυράδων

Zwischen der **Lagune Korissíon** (siehe rechts) und dem unter einer niedrigen Steilküste verlaufenden Lakkies Beach liegt dieser Küstenort, auch bekannt als **Ágios Geórgios Argirádes** oder **Agios Georgios South.** Der Ort zieht sich knapp 3 km an der Küste entlang und ist touristisch gut erschlossen. Privatunterkünfte und kleinere Anlagen überwiegen. Die einzige große Hotelanlage befindet sich am nördlichen Rand der Ferien-

---

EXTRAINFO

Die Lagune Korissíon [E9]: ein bedeutendes Feuchtbiotop

Eine **außergewöhnliche Dünenlandschaft** und **kilometerlange Sandstrände** beeindrucken rund um die **Lagune Korissíon** im Südwesten der Insel, die auch **Lake Korissíon** genannt wird. Der flache See erstreckt sich über eine Fläche von ca. 600 ha und bildet mit der schmalen Nehrung und dem dahinterliegenden Ionischen Meer ein wunderbares Landschaftsbild. Der **schmale Zufluss** der Lagune zum Meer entstand bereits unter venezianischer Herrschaft, um das Verlanden zu verhindern und Fischzucht zu ermöglichen.

Das heute unter **Naturschutz** stehende Gebiet ist ein **bedeutendes Feuchtbiotop** und ein Eldorado für Vogelkundler. Unzählige Vogelarten können hier beobachtet werden, darunter Kormorane und Graureiher. Auch Amphibien- und Reptilienfreunde werden rund um den See fündig. So wundert es nicht, dass Herpetologen das Areal um die Lagune für Exkursionen schätzen und im Jahr 2003 sogar das Vorkommen der Westlichen Sandboa *(Eryx jaculus turcicus)* dokumentierten.

Das Naturschutzgebiet ist **frei zugänglich** und kann auf **Fußwegen** umrundet werden.

Der Süden: Region Lefkími

EXTRATIPP

Bioporos Organic Farm: ökologische Landwirtschaft und Tourismus

Am Ufer der Lagune Korissíon [E9] befindet sich das ökologisch betriebene Landgut Bioporos. Kostas und Agathi Vlassi führen den Bauernhof mit viel Hingabe und laden **Besucher** ein, die traditionelle Herstellung der verwendeten Produkte kennenzulernen. Eine aktive Teilnahme der Gäste ist jederzeit möglich. Im **angeschlossenen Restaurant** werden Produkte aus kontrolliert biologischem Anbau zu traditionellen Gerichten verarbeitet. Auf dem Landgut stehen auch **Ferienhäuser** zur Vermietung bereit.

› **Bioporos Organic Farm** <100>
Tel. 2661076224, www.bioporos.gr, Restaurant Mi.–Sa. 13–21.30 Uhr. Montag und Dienstag ist nur für Gäste der Ferienhäuser geöffnet.

› **Anfahrt:** Aus Korfu-Stadt kommend fährt man auf der Hauptstraße in Richtung Lefkími bis zur Abzweigung beim Dorf Vrakaniótika, ab dort ist die Farm ausgeschildert.

siedlung. Durch die Nähe zu den kilometerlangen Sandstränden bietet der Ort **ideale Bademöglichkeiten**.

Strände

Beginnend bei **Chalikounas Beach** am Nordende der Lagune Korissíon erstrecken sich die **weitläufigen Sandstrände** über **Issos Beach** bis zum **Lakkies Beach** (auch bekannt als **Malibu Beach**) am südlichen Ende von Ágios Geórgios Argirádon. Auf insgesamt ca. 10 Kilometer Länge findet hier garantiert jeder ein ruhiges Badeplätzchen, sofern man sich ein wenig von den direkten Strandzufahrten entfernt – selbst in der Hochsaison.

An den Hauptabschnitten der Strände geht es in der Saison sehr lebhaft zu. Dort stehen **Strandliegen** zur Verfügung. Freunde des Wassersports kommen bei der Vielzahl der Angebote auf ihre Kosten. **Surfer** schätzen den regelmäßig ab Mittag einsetzenden Wind in diesem Küstenabschnitt. Ideale Voraussetzungen für den **Kite Club Corfu** (s. S. 91), der am Strand von Chalikoúnas die einzige Kite-Station der Insel betreibt.

Essen und Trinken

› **Cafe Harley** €€ <096> am nördlichen Ende der Uferstraße, Tel. 2662052540, www.cafe-harley.de, geöffnet: tgl. ab 10 Uhr. In lockerer und angenehmer Atmosphäre kann man hier vom Morgen bis in den späten Abend Snacks und Erfrischungen genießen. Während Anita das Café betreibt, kümmert sich Mann Ioannis um den Kite Club Corfu. Da ist es nicht verwunderlich, dass sich das Café am Abend zum beliebten Treffpunkt für Kiter und Surfer entwickelt hat.

› **Rouvelas Taverna** €€ <097> an der Uferstraße südlich des kleinen Hafens, Tel. 2662051655, Facebook-Seite, geöffnet: tgl. ab 12 Uhr. Traditionelles griechisches Essen zu einem optimalen Preis-Leistungs-Verhältnis. Direkt am Meer gelegen, eröffnet sich eine schöne Aussicht. WLAN.

› **Taverna Malibu** €€ <098> an der Uferstraße fast am südlichen Ortsende, Tel. 2662052998, auf Facebook vertreten, geöffnet: tgl. ab 12 Uhr. Gute Qualität und große Portionen zu angemessenen Preisen. Die Taverne punktet zudem mit bester Sonnenuntergangslage direkt oberhalb des Strandes. WLAN.

Nachtleben

› **La Perla Chillout** <099> an der Uferstraße, ca. 300 m südlich des kleinen Hafens, www.facebook.com/laperla

Der Süden: Region Lefkími

EXTRATIPP

**Immer ein Genuss:
The Village Restaurant Wine Bar**

Ein Ausflug in den Inselsüden lässt sich wunderbar mit einem Besuch bei Familie Gounaris verbinden. Prokopis und Toula betreiben ihr Restaurant seit vielen Jahren und haben sich mit ihrer Interpretation von **moderner griechischer Küche** in Verbindung mit **traditionellen Rezepten** einen Namen in Korfus Gastronomieszene gemacht. Frische Zutaten aus eigenem biologischen Anbau, eine gesunde Zubereitung und kulinarische Feinheiten bilden die Basis ihrer Philosophie. Abgerundet wird das Ganze mit einem jederzeit aufmerksamen Service und einem **ausgezeichneten Preis-Leistungs-Verhältnis**. In der Hochsaison wird für den Abend eine telefonische **Reservierung** empfohlen.

› **The Village Restaurant Wine Bar (Marathías)** <101> direkt an der Straße nach Lefkími, auf Höhe der Abzweigung nach Marathías Beach, Tel. 2662052801, auf Facebook vertreten

chillout. Ab dem späten Abend geht man ins kultige La Perla, das vom Besitzer liebevoll eingerichtet wurde. Häufig stattfindende Konzerte und Events griechischer Künstler sowie DJs sorgen dafür, dass keine Langeweile aufkommt. Betrieb herrscht hier erst ab Mitternacht. Der Namenszusatz „Chillout" ist Programm.

⓻ Chlomós ★★★ [F8]

Χλωμός

Das **Bergdorf** ist allein schon der **Aussicht** wegen einen Besuch wert. Chlomós thront am Hang des **Berges Merovígli** zwischen der Ost- und Westküste und ist am einfachsten über die **Abzweigung** der Hauptstraße Korfu-Stadt – Lefkími bei **Línia** [F9] zu erreichen. Die Straße schraubt sich in **Kurven** aufwärts, dabei bieten sich wunderbare Aussichten auf die Lagune Korissíon (s. S. 81) im Hintergrund. Dies schätzen besonders die **Mountainbiker**, die sich regelmäßig vom Küstenort Ágios Geórgios Argirádon ⓻ aus auf die reizvolle Fahrt nach Chlomós begeben.

Den **schönsten Panoramablick** genießt man von dem am oberen Dorfrand gelegenen **Platz** bei der den Erzengeln (Taxiárches) geweihten **Kirche**. Nach ausgiebigem Erkunden der schmalen Gassen laden zwei Tavernen am Ortsanfang zu einer Erfrischung mit Ausblick ein.

Es ist zwar in keiner Weise historisch belegt, aber die Behauptung, dass der **Name** des Bergdorfes auf die **Pest** zurückzuführen sei, hält sich hartnäckig. Die Krankheit, die die Menschen im Mittelalter plagte, verlieh nämlich ein bleiches Aussehen und das griechische Wort *chlomós* heißt so viel wie „bleich".

⓻ Boúkari ★ [F8]

Μπούκαρη

Boúkari an der Ostküste der Region Lefkími ist vielen Urlaubern und Einheimischen vor allem durch die **beliebten Fischtavernen** ein Begriff. Der **kleine Hafen** mit den Fischerbooten und die Gasthäuser direkt am Meer ziehen viele Tagesausflügler an, die die Ruhe und Gemütlichkeit des Ortes bei gegrilltem Fisch und allerlei Köstlichkeiten genießen. Schmale **Kiesstrände** ziehen sich entlang der wenig befahrenen Uferstraße und laden zu einer Abkühlung ein. Für ein Sonnenbad empfiehlt es sich, die bei den Tavernen direkt am Meer bereitgestellten **Liegen** zu nutzen oder auf einem der **Stege** zu verweilen.

Der Süden: Region Lefkími

78 Petrití ★★ [G8]

Πετριτή

Das **Fischerdorf** mit seinem kleinen **Hafen** liegt im Südosten Korfus, einige Kilometer südlich von Boúkari 77. Der kleine Ort mit ca. 700 Bewohnern blieb bislang vom Massentourismus verschont. Tavernen direkt an der Mole des Hafens bieten eine gute Küche und einen schönen Blick auf das gegenüberliegende Festland. Die touristische Infrastruktur ist – bis auf den kleinen **Naturstrand** und einige wenige Privatunterkünfte – nicht sehr ausgeprägt, weswegen der Ort bei Individualtouristen beliebt ist. Hier findet man noch **Ruhe** abseits des Touristentrubels.

Die **Ursprünge** des heutigen Petrití liegen in der Antike, dem damaligen Egrýpos, und in der byzantinischen Zeit. Der Ortsname geht auf den byzantinischen Fürsten Petritis zurück. Das Gebiet rund um den Ort war damals Lehnsgut der Fürstenfamilie.

Unterkunft

› **Family Hotel Penelope** € <102> Abzweigung der Uferstraße beim kleinen Hafen in Boúkari, von dort ausgeschildert, www.boukaribeach.gr (unter „Accommodation"/„Family Hotel Penelope"). Gut, günstig, idyllisch: Das kleine, von der Familie Vlachopoulos geführte Hotel ist wahlweise mit Frühstück oder Halbpension buchbar und bietet ein optimales Preis-Leistungs-Verhältnis. Neben Unterkunft im Hotel bietet die Familie zudem Studios und Apartments in der Villa Boukari Beach, Villa Alexandra und Villa Lucia preisgünstig an. Die Familie betreibt auch die bekannte und empfehlenswerte Fischtaverne Boukari Beach Restaurant (s. unten).

Essen und Trinken

› **Boukari Beach Restaurant** €€€ <103> von Messonghí entlang der Uferstraße nach Boúkari/Petrití auf der rechten Straßenseite, www.boukaribeach.gr (unter „Restaurant"), tgl. geöffnet. Liebhaber von frischem Fisch und Meeresfrüchten sind hier bestens aufgehoben. Verbunden mit freundlichem Service und der traumhaften Lage des Restaurants kann man in dieser Taverne erholsame Stunden mit kulinarischen Genüssen verbinden. WLAN verfügbar.

Unterkunft

› **Egrypos** € <104> am Hafen der Uferstraße folgen (ausgeschildert), etwas zurückversetzt, www.egrypos.gr. **Familiengeführte Pension in ruhiger Lage:** Vom Naturstrand nur 50 m entfernt. Mit großem Garten und Pool. Chef Toni ist in Deutschland aufgewachsen und legt zusammen mit seiner Crew großen Wert auf die persönliche Betreuung seiner Gäste. Wer Erholung sucht, ist hier genau richtig. Im angeschlossenen Restaurant können Gäste direkt am Pool in angenehmer Atmosphäre korfiotische Gerichte genießen.

Das Boukari Beach Restaurant tischt Fisch und Meeresfrüchte in traumhafter Lage auf

Essen und Trinken

› **Limnopoula** €€ <105> am Fischereihafen, Tel. 2662052216, Facebook-Seite, geöffnet: tgl. ab 12 Uhr. In dem Familienbetrieb gibt es frischen Fisch und Meeresfrüchte zu vernünftigen Preisen in einer angenehm ruhigen Atmosphäre direkt am Meer.

⓻⓽ Sandstrände um Perivóli ★★ [G9]

Περιβόλι

Von der Hauptstraße Richtung Süden gelangt man über Stichstraßen zu den **Binnendörfern** Marathías und Perivóli sowie zum Weiler Vitaládes. Sie sind vor allem wegen der **kilometerlang verbundenen Strände** reizvoll: Sand, so weit das Auge reicht!

Vom Dorf **Marathías** führt eine Straße zum **gleichnamigen Strand**, der in den zu Perivóli gehörenden Strand **Agía Varvára** (auch bekannt als **Santa Barbara Beach**) übergeht. In und vor der Wave Beach Bar am Strand von Marathías lässt sich das Strandleben tagsüber in angenehmer und stilvoller Umgebung genießen.

Viele Kilometer schönster Sandstrand mit besten Bademöglichkeiten prägen das Gebiet bis hin zum wunderbaren **Gardénos Beach**, der über den Weiler Vitaládes erreichbar ist. Selbst in der Hochsaison findet man hier ein ruhiges Plätzchen, um unbeschwerte Badefreuden zu genießen.

› **Wave Beach Bar** <106> am Strand von Marathías, geöffnet: Mai–Okt. tgl. ab 9 Uhr, www.facebook.com/WaveBeach Bar. Tagsüber kann man hier wunderbar chillen, abends verwandelt sich die Strandbar in der Saison in ein angesagtes Konzertgelände. Bei verschiedensten Events und Livemusik steht einer Strandparty nichts im Wege.

> **EXTRATIPP**
>
> ### Kleiner Trip zum Nótos Beach und Kaliviotis Beach
>
> Über das kleine Dorf Ágios Nikólaos einige Kilometer südlich von Petrití gelangt man nach wenigen Kilometern (ausgeschildert) zum beliebten Ausflugsziel Nótos Beach. Der kleine Strand ist allerdings kaum der Erwähnung wert, denn hier hält man sich eher in den kleinen Badebuchten unterhalb der beliebten Tavernen auf. Weithin bekannt ist das Panorama Restaurant Nótos mit herrlichem Garten, der sich von der Taverne bis zum Ufer des Meeres zieht und schon fast tropische Züge hat. Schon wegen der Lage direkt am Meer ist es einen Besuch wert. Hier relaxt man auf Liegen am Ufer und befindet sich in absolut stressfreier Zone. In der Hochsaison kann es mit der sprichwörtlichen Ruhe allerdings gelegentlich vorbei sein, denn auch organisierte Bootstouren machen gerne beim hauseigenen Steg fest und eine Vielzahl von Urlaubern strömt dann in das Lokal.
>
> Fährt man vom Panorama Restaurant Nótos die Straße am Ufer entlang Richtung Süden, trifft man nach wenigen Kilometern auf den kleinen Strand von Kaliviotis. Der kleine Fischerhafen und die Aristos Taverna direkt am Hafen laden zu einer Rast ein.
>
> › **Panorama Restaurant Nótos** €€ <107> Tel. 2662051612, www.pan oramacorfu.gr, tgl. ab 10 Uhr
>
> › **Aristos Taverna** € <108> Tel. 2662023395, geöffnet: tgl. ab 12 Uhr. Direkt am kleinen Fischerhafen von Perivóli. Der Familienbetrieb bietet authentische Inselküche und perfekt zubereiteten Fisch zu fairen Preisen.

80 Lefkími ★★ [H9]

Λευκίμμη

Lefkími ist der **größte Ort im Süden**. Eine schmale Durchgangsstraße und viele kleine Gässchen schlängeln sich durch die langgestreckte Ortschaft und man merkt, dass das heutige Städtchen aus mehreren Dörfern zusammengewachsen ist. Es lohnt sich, Lefkími **zu Fuß zu erkunden.** Man staunt immer wieder über die volkstümliche Architektur. In und rund um Lefkími geht es noch recht ursprünglich zu, nach wie vor werden bäuerliche Traditionen gepflegt.

Neben den landwirtschaftlichen Einnahmequellen der Bewohner sind mittlerweile jedoch auch touristische Einrichtungen wie Tavernen und Cafés wichtig, die sich hauptsächlich rund um die **malerische Brücke** über den **Kanal von Lefkími** im **Ortsteil Potámi** angesiedelt haben. Hier tummeln sich die meisten Touristen. Nach einem Fotostopp verweilen viele Reisende gern in einem der netten Cafés am Flussufer.

Folgt man dem Wasserlauf des Kanals auf der parallel verlaufenden kleinen Straße bis zum Meer, gelangt man bei der Mündung an den **Strand von Boúka**, der hauptsächlich von Einheimischen besucht wird. Eine Fahrt mit dem Auto oder Roller entlang des Flusslaufs vor der pittoresken Kulisse mit Fischerbooten bietet immer wieder schöne Fotomotive.

Der **Fährhafen** von Lefkími befindet sich etwas außerhalb des Ortes. Von hier verkehren Fähren zum Festland (Igoumenítsa) und es werden Ausflüge zu den Nachbarinseln Páxos und Antípaxos angeboten.

› www.kerkyralines.com
› www.corfucruises.com

Sanft dümpeln die Boote im Kanal von Lefkími vor sich hin

KORFU AKTIV

Baden

Korfu bietet unzählige Strände und Buchten unterschiedlichster Beschaffenheit – kein Wunder bei einer abwechslungsreichen Küstenlinie von knapp 220 km Länge. Liebhaber **langer Sandstrände** werden sich an der **Nordküste** wohlfühlen, wo sich außer Badefreuden auch kilometerweite Strandspaziergänge vom Almiros Beach [D1] über Acharávi ㉑ bis hin nach Róda ⑳ anbieten. Abwechslung versprechen der lange Kiesstrand von Avlaki Beach [F2] und die **kleinen Badebuchten** in Kassiópi ㉕.

An der **Ostküste** finden sich vorwiegend **Kiesstrände**, etwa am Strand von Barbáti ㉛ oder in den kleinen Felsbuchten von Nissáki ㉚. In dieser Region nahm der Tourismus seinen Anfang, wovon heute viele große Badehotels mit teilweise hübsch angelegten Gärten und Liegewiesen direkt am Ufer zeugen. Geschützte Buchten wie in Dassiá ㊺ und die Lage gegenüber dem Festland tragen dazu bei, dass sich das Meer an der Ostküste eher von seiner **ruhigen Seite** zeigt. Dies und die häufig **flach abfallenden Ufer** werden von **Familien mit Kindern** sehr geschätzt. Die Strände der Ostküste bieten ferner ideale Voraussetzungen für Freunde von **Wasserski** und **Parasailing**.

Das offene Meer an der zerklüfteten Westküste kann dagegen schon etwas rauer sein. Die langen Sandbuchten an der **nördlichen Westküste** begeistern durch ihre wunderbare Lage, wie z. B. der Strand in der Bucht von Ágios Geórgios Págon ㊹.

Die gesamte **mittlere Westküste** ist von **zergliederten Badebuchten** geprägt. Angefangen bei Paleokastrítsa ㊽ über Liapádes ㊿, Érmones ⓴ und Glifáda ⓲ bis nach Ágios Górdis ㊾ finden sich neben den vielen zugänglichen Badestränden auch immer wieder kleine Badebuchten an den Steilhängen, die **nur per Boot zu erreichen** sind.

Das Landschaftsbild ändert sich schlagartig, je weiter man sich dem **Süden** der Insel nähert. Hier bestechen die **kilometerlangen Sandstrände** an der Nehrung zur **Lagune Korissíon** (s. S. 81) mit einzigartiger Dünenlandschaft. An den Stränden **Chalikounas Beach** [E9] und **Gardénos Beach** [G10] findet jeder ein einsames Plätzchen, sofern man bereit ist, sich etwas von den direkten Zufahrten zu entfernen.

An nahezu allen gut zugänglichen Stränden der Insel können **Sonnenschirme** und **Strandliegen** gemietet werden. **Toilettenhäuschen** sind zwar teilweise vorhanden, aber mangels Pflege und Wartung oftmals beschädigt und unbrauchbar. Die meisten Strände verfügen über kostenfreie **Parkplätze**. Außer an abgelegenen Strandabschnitten gibt es überall gastronomische Angebote.

FKK-Freunde finden an der Westküste unter den Steilküsten von Ágios Stéfanos Avliotón ㊶ und Aríllas ㊷ ihr Refugium. Weithin bekannt für Freikörperkultur ist zudem der in reizvoller Landschaft gelegene Strand von Mirtiótissa ⓭ zwischen Érmones und Glifáda an der mittleren Westküste.

Die **Wassertemperaturen** variieren natürlich je nach Jahreszeit: Zu Beginn der Saison Anfang Mai hat das Ionische Meer eine Temperatur von ca. 18 °C. Von Juni bis September be-

◁ *Vorseite: Romantische SUP-Touren zu vorgelagerten Inseln veranstaltet der Kite Club Corfu (s. S. 91)*

wegen sich die Wassertemperaturen zwischen 22 und 25 °C. Ab Oktober sinken sie wieder auf ein Niveau von 21 bis 18 °C. Die **Wasserqualität** im Ionischen Meer ist ausgezeichnet.

Elf Strände auf Korfu wurden 2018 mit der **Blauen Flagge** ausgezeichnet. Dieses internationale Qualitätskennzeichen der FEE (Foundation for Environmental Education) wird nur an die Strände verliehen, welche strenge Voraussetzungen in Bezug auf Sauberkeit, Organisation, Sicherheit und Umweltschutz erfüllen. Die Anzahl der Strände mit dem Qualitätsmerkmal ist seit 2016 nahezu unverändert (2016 und 2017 erhielten jeweils zehn Strände die Blaue Flagge). Anzumerken ist, dass die Auswahlkriterien immer strenger werden, z. B. sollte es am Strand Behälter zur Mülltrennung geben, was in Griechenland häufig nicht ernst genommen wird. Außerdem kann sich so manche Gemeinde den geforderten Rettungsschwimmer am Strand nicht leisten. Selbst bei Vergabe der Blauen Flagge sollte sich also niemand darauf verlassen, dass ein **Rettungsschwimmer** vor Ort ist.

Nähere Infos zu den mit Blauer Flagge ausgezeichneten Stränden auf Korfu bietet die folgende Website:
› www.blueflag.global/beaches2
   (runterscrollen zur zoombaren Karte)

Wassersport

Tauchen und Schnorcheln

Unterschiedlichste Buchten, Kaps, Unterwasserklippen sowie Grotten und Höhlen machen Korfu zu einem kleinen Paradies für Freunde der Unterwasserwelt. Die **attraktivsten Tauchreviere** liegen rund um **Paleo-**

Ein Traum: Baden bei der La Grotta Bar (s. S. 61) in Paleokastrítsa ❹❽

kastrítsa ㊽ und Érmones ㊴ an der Westküste sowie im Nordwesten bei **Aríllas** ㊷ und **Pórto Timóni** (Doppelbucht bei Afiónas ㊸). Auch die Felsgruppe „**Deadly Rocks**" vor der Küste bei Dassiá ㊺ ist ein beliebtes Ziel für Taucher.

Selbstverständlich finden auch **Schnorchler** an den felsigen Ufern der genannten Tauchreviere beste Voraussetzungen, zugleich lädt das **kristallklare Ionische Meer** an nahezu jedem anderen Strand der Insel dazu ein, die tierische Unterwasserwelt mit Schnorchel und Taucherbrille zu erkunden.

Die **Tauchbasen und -schulen** Korfus bieten diverse Schnupper- und Intensivkurse (u. a. PADI) sowie Tauchgänge für erfahrene Taucher an. Diese starten oft in Revieren, die nur per Boot erreichbar sind. Taucher, die individuell unterwegs sind, können sich ihr Equipment an **Füllstationen** mit Pressluft auffüllen lassen.

› **Dive Easy** <109> Acharávi, Tel. 2663029350, www.divecorfu.com.

Ganz Verwegene wagen einen Ritt auf dem Flyboard am Issos Beach [E9]

Verschiedene Kurse für Anfänger und Fortgeschrittene, dazu Spezialangebote wie z. B. Tieftauchen oder Kurse in Unterwasserfotografie. Bei Dive Easy lässt sich auch ein Boot für private Touren chartern. Schnupperkurse ab 50 € pro Person.

› **Korfu Diving** <110> Paleokastrítsa, Tel. 6932729011, www.korfudiving.com. Das älteste deutsche Tauchzentrum in Griechenland in einem der schönsten Tauchgebiete auf Korfu. Mai–Okt. täglich Tauchgänge. Schnupperkurse ab 50 € pro Person.

Wind- und Kitesurfen, Stand Up Paddling

Windsurfer bevorzugen wegen der guten Windverhältnisse die **Nordwestküste** in der Region um **Ágios Geórgios Págon** ㊹ oder den Chalikoúnas Beach [E9] im Südwesten der Insel. **Surfschulen** und **Verleihstationen** für Surfbretter gibt es jedoch an nahezu allen größeren Stränden und bei den meisten Badehotels entlang der gesamten Küstenlinie Korfus. Dem aktuellen Trend folgend, wird vielerorts zudem **Stand Up Paddling (SUP)** angeboten.

Der Hotspot für Kitesurfer ist der **Kite Club Corfu** im **Südwesten** der Insel nahe der **Lagune Korissíon** [E9]. Der kilometerlange Sandstrand und ideale Windverhältnisse sorgen für optimale Bedingungen sowohl für Anfänger als auch für Profis. Die vom Verband Deutscher Windsurfing- und Wassersportschulen (VDWS) lizenzierte Station arbeitet mit ausgebildeten Kite-Lehrern und nach aktuellen Sicherheitsstandards. Der Kite Club Corfu bietet zudem **Stand-Up-Paddling-Touren** entlang der Küste an.

Seit der Saison 2018 hat sich für begeisterte Wassersportler am Chalikoúnas Beach das **Surf Center Corfu** hinzugesellt. Windsurf-Schnupperkurse, Grund- und Aufbaukurse sowie Privatstunden und Verleih von Surfmaterial gehören u. a. zum Angebot.

> **Kite Club Corfu (KCC)** <111> Strand von Chalikoúnas, Lagune Korissíon, www.kite-club-corfu.com, Kurse sowie Verleih und Verkauf von Equipment, Schnupperkurse ab 39 €, SUP ab 13 €
> **Surf Center Corfu** <112> Strand von Chalikoúnas, Lagune Korissíon, www.surfcentercorfu.com, Kurse, Verleih und Einlagerung von eigenem Surfmaterial, Verleih von Stand-Up-Paddles. Schnupperkurse ab 35 €.

Segeln und Bootfahren

Mehrtägige **Törns** rund um Korfu starten in der modernen **Marina von Gouviá** 58 an der **Ostküste**, Anziehungspunkt für Jachten aus der ganzen Welt. Vom kleinen **Segelboot** bis zur luxuriösen **Jacht** kann man hier alles mieten, egal ob mit oder ohne Skipper. Hier ein empfehlenswerter Anbieter:

> **Corfu Yachting** <113> Gouviá Marina, www.corfuyachting.com, Preise und Buchung s. Website

Wer die Küste individuell mit einem **Motorboot** erkunden möchte, findet in vielen Badeorten, wie z. B. Sidári 38, Kassiópi 25 oder Barbáti 31, **Verleihstationen**. Boote bis 30 PS dürfen ohne Führerschein gefahren werden und sind nach kurzer Einweisung einfach zu navigieren. Keine Bange, der entsprechende Entfernungsradius wird mitgeteilt und im Notfall besteht Funkverbindung zur Verleihstation.

Besonders empfehlenswert ist ein solcher Ausflug rund um die Küste bei **Paleokastrítsa**, da es hier besonders viele **Strände** gibt, die nur **per Boot erreichbar** sind. Die **Preise** variieren nach Saison; für zwei Stunden sind etwa 60 € zu veranschlagen, jede weitere Stunde schlägt mit 15–20 € zu Buche. Alles Weitere ist Verhandlungssache, auch Ganztagesausflüge können gebucht werden. So lässt sich Korfu mal von einer ganz anderen Seite kennenlernen.

Wandern

Die Vielfalt Korfus macht die Insel zu einem **Paradies für Wanderer**. Die Landschaft reicht von felsigen Küstenwegen über steile Bergpfade bis zu verlassenen Olivenhainen und sandigen Stränden. Einzigartig ist die **korfiotische Flora und Fauna** – nicht umsonst wird Korfu auch die „immergrüne Insel" genannt. Gerade deswegen lohnt es sich, Korfu zu Fuß zu erkunden und dabei Gegenden zu entdecken, die einem mit dem Auto verborgen bleiben. Mit etwas Glück begegnet einem dabei auch das eine oder andere Tier. Heimisch sind hier beispielsweise Schlangen, Schildkröten und Echsen. Angst muss man vor den Schlangen nicht haben, der

Großteil ist ungefährlich und flieht schnell.

Als **Ausrüstung** ist festes Schuhwerk zu empfehlen. Bei Strecken durch dorniges Gestrüpp ist zusätzlich eine lange Hose ratsam. Zum Wandern eignen sich am ehesten **Frühjahrsmonate** – und das sowohl klimatisch als auch landschaftlich. Im Sommer muss man mit viel Trockenheit und Sonne rechnen, wodurch Wanderungen zu einer großen Anstrengung werden können. Im Frühjahr wie auch im Sommer sind genügend **Trinkwasser** und **Sonnenschutz** unerlässlich.

Neben einzelnen Strecken, die man im Rahmen von Tagesausflügen abwandern kann, besteht ferner die Möglichkeit, das Eiland auf dem **Corfu Trail** zu durchwandern, einem 220 km langen Fernwanderweg, der im Süden der Insel beginnt und bis in den Norden verläuft.

> **Infos:** www.corfu-trail.com (ans Ende der Seite scrollen, unten ist eine Karte abrufbar)

Wanderung 1: Pórto Timóni

> **Charakter:** Kurze, aber steile Wanderung ohne Schatten, die an einigen Stellen (felsiger Untergrund, Stolpersteine, höhere Absätze) Trittsicherheit erfordert. Festes Schuhwerk und eine lange Hose sind von Vorteil, da der Pfad gelegentlich durch dicht wachsende Macchia-Pflanzen verläuft. V. a. im Hochsommer Kopfbedeckung, ausreichend Trinkwasser und Proviant für ein Picknick mitnehmen, da es an der Zwillingsbucht selbst keine Einkehrmöglichkeit gibt.
> **Ausgangs- und Endpunkt:** Ortseingang von Afiónas ❹❸ [A3]
> **Länge:** 1,6 km (800 m einfache Strecke)
> **Dauer:** ca. 2 Std. inklusive Aufenthalt in der Bucht
> **Höhenunterschied:** 150 m
> **Einkehr:** Taverne Porto Timoni (s. S. 57) am Anfang bzw. Ende der Wanderung
> **Anfahrt:** mit dem Auto, Parken an der Straße am Ortseingang

Bei dieser Wanderung hat man ein klares Ziel vor Augen: ein Bad in einer der schönsten Buchten der Insel, der **Zwillingsbucht von Pórto Timóni**. Sie ist nur zu Fuß oder mit dem Boot erreichbar und bietet so ein besonderes, von unberührter Natur geprägtes Badeerlebnis. Die Bucht wurde aufgrund der etwas schwierigen Erreichbarkeit bis vor einigen Jahren noch als Geheimtipp gehandelt. Dies hat sich geändert und besonders in der Saison werden einem viele Gleichgesinnte begegnen. Trotzdem lohnt die Anstrengung, denn der Blick auf die Buchten ist unbeschreiblich schön.

Start der Wanderung ist der malerische Ort **Afiónas** ❹❸, der auf der Spitze einer hohen Landzunge

Der Weg ist das Ziel: die reizvolle Zwillingsbucht von Pórto Timóni

thront. Zunächst durchquert man die verwinkelten Gassen des Örtchens bis zur **Taverne Porto Timoni** (s. S. 57, ausgeschildert). Beim Eingangsbereich gelangt man zu dem **Pfad**, der zur Zwillingsbucht führt. Diesem folgt man nun ungefähr 30 Minuten, wobei man immer weiter **bergab** geht. Während der Wanderung bietet sich eine **wunderschöne Aussicht** auf das Ionische Meer und die Bucht von Ágios Geórgios Págon ㊹, bis sich schließlich die Zwillingsbucht spektakulär vor einem öffnet.

Hier kann man sich mit einem **erfrischenden Bad** im kühlen Nass belohnen oder einfach das Panorama genießen, bevor man sich auf den **Rückweg** begibt. Während man auf dem Hinweg das Meer im Blick hatte, ist es auf dem Rückweg die auf dem Hügel befindliche, bereits erwähnte Taverne Porto Timoni, die man schon von Weitem sieht. Dort angekommen, hat man sich eine Erfrischung redlich verdient. Hier endet die Wanderung.

> **Charakter:** Leichte Wanderung, für die keine große Kondition, aber an einigen Stellen Trittsicherheit notwendig ist.
> Festes Schuhwerk ist ratsam.
> **Ausgangs- und Endpunkt:** Strand von Ágios Spirídon ㉓ [E1]
> **Länge:** 2,5 km
> **Dauer:** ca. 2 Std.
> **Höhenunterschied:** 50 m
> **Einkehr:** Hellas Taverna (s. S. 40) in Ágios Spirídon
> **Anfahrt:** mit dem Auto, Abzweig nach Ágios Spirídon zwischen Acharávi ㉑ und Kassiópi ㉕, Parken an der parallel zum Strand verlaufenden Straße

Wanderung 2: von Ágios Spirídon zum Kap Ekateríni

Diese Wanderung führt den Reisenden an den nördlichsten Punkt Korfus: das **Kap Ekateríni**. Startpunkt ist der **Strand von Ágios Spirídon** ㉓. Eine **Brücke** neben dem Strand führt über die unter Naturschutz stehende **Antinióti-Lagune**. Sie dient als Lebensraum für viele seltene Vogelarten, Säugetiere und Reptilien. Nach Überqueren der Brücke folgt man ungefähr 10 Minuten einem **Schotterweg**, bis man bei der ersten Möglichkeit rechts Richtung Meer abbiegt. Nach wenigen Minuten gelangt man zu einem **kleinen Strand**. In nordwestlicher Richtung folgt man einem schmalen Pfad entlang der Küste. Belohnt wird man mit unberührter Natur und einem herrlichen Ausblick bis nach Albanien. Nach ca. 40 Minuten erreicht man das **Kap Ekateríni** mit dem Leuchtfeuer.

Es geht weiter auf dem **Küstenpfad**, bis der nächste kleine Strand zu sehen ist. Nun werden die Wege breiter, man hat einen **schönen Blick** auf die langen Sandstrände von Almirós und Acharávi ㉑. Links abbiegend, geht es auf einem unbefestigten Weg ein kleines Stück landeinwärts in einen Wald hinein. Von hier führen einige Trampelpfade rechts ab zur **Ruine des Klosters Agía Ekateríni**. Das Kloster stammt aus den Anfängen des 18. Jh, die Klosterkirche ist wesentlich älter (12.–13. Jh.). Nach einem Streifzug über das Klostergelände führt der Weg in eine **Eukalyptus-Allee**.

Am Ende der Allee setzt sich der breite, unbefestigte Weg ca. 1 km fort, bis man wieder zum Ausgangspunkt der Wanderung kommt.

Wanderung 3: von Kriniás nach Paleó Períthia

> **Charakter:** ausgesprochen abwechslungsreiche, streckenweise sehr steile und dadurch für ungeübte Wanderer anstrengende Wanderung
> **Ausgangs- und Endpunkt:** Kriniás [E2]
> **Länge:** ca. 10 km
> **Dauer:** 4–5 Std. inklusive Aufenthalt in Paleó Períthia ㉞
> **Höhenunterschied:** 500 m
> **Einkehr:** Taverne O Foros (s. S. 47) in Paleó Períthia
> **Anfahrt:** mit dem Auto über Acharávi ㉑ und Riliátika [D1] bis Kriniás

Diese Wanderung führt in das alte venezianische Bergdorf **Paleó Períthia** ㉞. Los geht es in dem kleinen Ort **Kriniás** [E2]. Von hier aus folgt man den **gelben Pfeilen des Corfu Trail**. Den ersten Pfeil findet man zwischen Wohnhäusern – man darf sich allerdings nicht davon täuschen lassen, dass der Weg wie eine private Einfahrt wirkt. Die Anwohner sind den Anblick verirrter Wanderer jedoch gewohnt und zeigen gerne, in welcher Richtung Paleó Períthia liegt. Hat man den Einstieg erst einmal gefunden, ist der Rest nicht mehr schwierig.

Zunächst verläuft der **Pfad** durch einen **Olivenhain**, bis man zu einem **Wald** gelangt. Auf dem in **Serpentinen** verlaufenden Pfad geht es immer weiter geradeaus. Es handelt sich um den alten Dorfweg nach Paleó Períthia. Früher war dieser steile, schmale Pfad die einzige Verbindung, über die man das alte Bergdorf erreichen konnte. Viele schwer bepackte Esel mussten hier ihr Leben lassen.

Wenn man den Wald hinter sich gelassen hat und sich der Blick langsam lichtet, wird man mit einer **wunderschönen Aussicht** auf die Küste belohnt. Auch die Vegetation ist, vor allem im Frühling, beachtlich und so läuft man bei dieser abwechslungsreichen Wanderung streckenweise durch ein **wahres Blütenmeer**.

Folgt man dem Weg weiter, gelangt man auf einem **Feldweg** ohne Umwege nach **Paleó Períthia**. Hier kann man die verlassenen Häuser besichtigen und sich in der Taverne **O Foros** (s. S. 47) für den **Rückweg** auf derselben Strecke stärken.

Wanderung 4: von Doukádes zur Kapelle Ágios Simeón

Die kleine Wanderung führt von **Doukádes** ㊿ zu der hoch auf einem Felsplateau gelegenen **Kapelle Ágios Simeón** mit überwältigendem Panorama.

Die Wanderung beginnt am **Dorfplatz** von Doukádes. Man folgt der Straße vom Dorfplatz in südwestlicher Richtung und einem leicht ansteigenden Fußweg nach rechts. Der Weg führt vorbei an Wohnhäusern, bis man über einige **Treppen** die **asphaltierte Straße** erreicht, in die man rechts abbiegt. Die Straße führt in **Serpentinen** aufwärts, dabei bietet sich ein schöner Blick über die Dächer von Doukádes. In der ersten scharfen Rechtskurve zweigt links ein **Feldweg** ab. Diesem folgt man und schon nach wenigen Metern weist ein erstes **Hinweisschild nach „Agios Symeon"** den richtigen Weg.

Nun ist es einfach, denn es geht immer entlang eines **Feldwegs**, bis ein **weiteres Schild** den Weg zur Kapelle ankündigt. Besonders im Frühjahr ist die Vegetation am Wegesrand beeindruckend. Eine kurze Pause, um sich die Blütenpracht genauer anzusehen,

- **Charakter:** Leichte Wanderung, allerdings ist das letzte Wegstück zur Kapelle sehr felsig.
- **Ausgangs- und Endpunkt:** Doukádes ⓼ [C4]
- **Länge:** 3,5 km
- **Dauer:** ca. 2 Std.
- **Höhenunterschied:** 200 m
- **Einkehr:** Taverna O Doukas (s. S. 63) in Doukádes. Einkehrmöglichkeit nur am Anfang und Ende der Wanderung, daher sollte man Proviant für unterwegs mitnehmen.
- **Anfahrt:** Mit dem Auto. Doukádes liegt etwas landeinwärts von Paleokastrítsa ⓽. Aus Richtung Paleokastrítsa durchfährt man den Ort, vorbei am Dorfplatz, bis man linker Hand einen Parkplatz erreicht, wo man das Fahrzeug abstellen kann.

lohnt sich. Vom **letzten Hinweisschild** führt ein **schmaler Pfad** zunächst etwas abwärts, bevor es wieder aufwärts geht. Bald öffnet sich der Blick auf die Kapelle und das dahinterliegende Panorama. Bis zur Kapelle sind es nun noch wenige Minuten über einen allerdings sehr **felsigen Weg**.

Die Lage der Kirche und der **Ausblick** von dort sind einzigartig. Einen schöneren Ort, um ein mitgebrachtes Picknick zu genießen, kann man sich kaum vorstellen. Etwas **Vorsicht** ist allerdings bei der Erkundung des Geländes geboten, denn bei der Kapelle fallen die **Felsen fast senkrecht** ab und eine Sicherung gibt es nicht. Nach ausgiebigem Genuss des wunderbaren Panoramas geht es auf demselben Weg zurück nach Doukádes. Zum krönenden Abschluss lädt die **Taverna O Doukas** (s. S. 63) am schönen Dorfplatz zu einer ausgiebigen Rast ein.

Weitere Aktivitäten

Golfen

Korfu beherbergt den **einzigen Golfklub der Ionischen Inseln:**
- **Corfu Golf Club** <114> Érmones, Rópa-Ebene, www.corfugolfclub.com, geöffnet: tgl. 8–18 Uhr. Gäste können für den sehr gepflegten 18-Loch-Platz verschiedene Pakete buchen. Für Neulinge wird auch Unterricht angeboten. Das elegante Klubhaus mit angeschlossenem Restaurant und ein kleiner Golfshop vervollständigen das Angebot.

Radfahren und Mountainbiking

Die Idee, Korfu per pedales zu entdecken, findet immer mehr Anhänger – kein Wunder, dass sich die Insel langsam zum Geheimtipp unter Radfreunden mausert. Aktivurlaub ist gefragt und die herrlichen Landschaften laden aufgrund der klimatischen Bedingungen besonders im **Frühjahr** und **Herbst** zu ausgiebigen Radtouren ein.

Eine beliebte Strecke mit herrlichen Ausblicken führt beispielsweise vom Küstenort Ágios Geórgios Argirádon ⓻ in das kleine Bergdorf Chlomós ⓻. Der Anbieter Kerky-Rad-Tours hat diese Tour regelmäßig im Programm:
- www.kerky-rad-tours.com

Ein Mountainbike kann man **ab ca. 18 € pro Tag** leihen. Sehr gute **lokale Verleih- und Tourenanbieter** findet man zum Beispiel in Dassiá ⓼ und in Acharávi ㉑:
- **S-Bikes/Cycle Corfu** <115> am Ortsausgang von Acharávi in Richtung Róda, rechte Straßenseite, Tel. 2663064115, www.cyclecorfu.com, geöffnet: Mo.–Sa. 9–21 Uhr

› **The Corfu Mountainbike Shop** <116> Ortsmitte von Dassiá, direkt an der Hauptstraße, Tel. 2661093344, www.mountainbikecorfu.gr, geöffnet: Mo.–Sa. 9–14 u. 18–21 Uhr

Reiten

Auf Korfu gibt es gut geführte **Reitställe** mit Angeboten für alle Altersgruppen und Reitfähigkeiten. Auch begleitete **Ausritte** sind möglich. Hier zwei Empfehlungen:

› **Arena Horse Riding** <117> Ágios Spirídon, an der Straße zum Strand, Tel. 6987337101, www.horseridingcorfu.com, geöffnet: tgl. 9–21 Uhr. Arena Horse Riding bietet Reitstunden und Ausritte in die schöne Umgebung. Besonderes Highlight: ein Tagesritt nach Paleó Períthia. Seit 2017 werden auch Ausritte zu einer benachbarten Bucht angeboten. Das Schwimmen mit den Pferden bietet dort ein besonderes Vergnügen. Die Inhaberin ist ausgebildete Pferdetrainerin mit langjähriger Erfahrung.

› **Trailriders Horse Trekking** <118> Áno Korakiána, www.trailriderscorfu.com, geöffnet: Mo.–Fr. 10–12 u. 16–18 Uhr. Der älteste Reitstall der Insel existiert seit 1992 und bietet Ausritte in die wunderbare Landschaft der Umgebung an. Die passende Ausrüstung wird, falls nötig, gestellt.

Mountainbiking kann eine schweißtreibende Angelegenheit sein. Jetzt heißt es: das Fahrrad abstellen und eine Verschnaufpause einlegen.

KORFU ERLEBEN

Feste und Folklore

Auf Korfu wird häufig und gerne gefeiert: Der Karneval mit venezianischen Einflüssen, zahlreiche Kirchweihfeste und nicht zuletzt das griechisch-orthodoxe Osterfest (s. S. 100) sind die Veranstaltungshighlights. Nicht zu vergessen sind zudem die in Korfu-Stadt stattfindenden Prozessionen zu Ehren von Ágios Spirídon, dem Schutzpatron der Insel (s. S. 25). Daneben versprechen kleine Festivals und Kulturevents Abwechslung.

Von den **gesetzlichen Feiertagen** (s. S. 100) richten sich einige nach dem **julianischen Kalender** (Ostern, Pfingsten) und fallen kalendarisch nur selten mit den Feiertagen im Rest Europas zusammen, das dem gregorianischen Kalender folgt.

Zu den wichtigsten Events zählt sicherlich das **Varkaróla-Festival** im August in Paleokastrítsa ㊽. Im September und Oktober wird in Aríllas ㊷ groß gefeiert: beim **Weinfestival** und beim **Corfu Beer Festival**. Beide Veranstaltungen mit kulinarischen Genüssen und kulturellem Rahmenprogramm haben sich in Korfus Veranstaltungskalender fest etabliert.

Das ganze Jahr über finden in den Dörfern zu Ehren der Schutzheiligen an deren Namenstagen **Kirchweihfeste (Panigíria)** statt. Nach wie vor sind sie wichtiger Teil des gesellschaftlichen Lebens. Meist ist der Vorplatz der örtlichen Kirche Schauplatz der Feierlichkeiten. Bei Musik und Tanz begegnet man sich und tafelt ausgiebig. Meist drehen sich Lämmer am Spieß und auf dem Grill garen die schmackhaften, kleinen *souvláki* (Fleischspieße). Gäste sind immer herzlich willkommen und sollten sich den Einblick in diese typisch griechische Festivität nicht entgehen lassen. Mittlerweile sind die Kirchweihfeste zum Anziehungspunkt für viele Urlauber geworden. Besonders eindrucksvoll ist der traditionelle **Kreistanz**. Jede Region kennt eine eigene Variante und nicht selten wird noch heute die Hierarchie der Dorfbewohner durch die Reihenfolge innerhalb des Tanzkreises dargestellt.

Die **Termine** der Kirchweihfeste variieren gelegentlich, werden aber vor Ort mit **Aushängen und Plakaten** bekannt gegeben. In der Onlineausgabe der Zeitung **Enimerosi** (englischsprachig verfügbar) werden Termine der Feste kurzfristig bekannt gegeben (bezeichnet als „traditional village fair").

› http://enimerosi.com/en

Januar bis April

› **Theofánia (6. Januar):** Wasserweihe und Taufe Jesu. Prozessionen ziehen ans Meer und junge Burschen warten darauf, dass der Priester ein Kreuz ins Wasser wirft. Wer es wieder heraus holt, dem winkt das ganze Jahr über Glück.

› **Karneval (Februar/März):** Dem venezianischen Einfluss ist es zu verdanken, dass der Karneval auf Korfu so intensiv gefeiert wird. An den drei Sonntagen vor Rosenmontag finden in Korfu-Stadt farbenfrohe Umzüge statt. Voller Begeisterung kostümieren sich die Korfioten zum Höhepunkt des Karnevals, dem großen Umzug am dritten Sonntag. Die Tavernen werden geschmückt und man feiert ausgelassen bei Musik und Tanz.

› **Orthodoxes Osterfest (März/April):** s. S. 100

◁ *Vorseite: Ein Platz zum Träumen am Strand von Acharávi* ㉑

Mai bis August

› **Tag der Arbeit und Fest der Blumen (1. Mai):** In Korfu-Stadt finden unter Mitwirkung der Musikvereine Paraden statt. In den Dörfern werden die Haustüren mit selbst gemachten Blumenkränzen geschmückt.
› **Vereinigung der Ionischen Inseln (21. Mai):** Militärparaden in Korfu-Stadt
› **Corfu Festival/Ionian Concerts (Juli bis Mitte August):** Im Sommer werden im Rahmen dieses Festivals eine Vielzahl an Konzerten und kulturellen Veranstaltungen in Korfu-Stadt geboten. Veranstaltungsorte wie die Alte Festung ❶ sorgen bei Konzerten verschiedenster Musikrichtungen für einen wunderbaren Rahmen. Man beachte die Aushänge vor Ort, der Eintritt ist häufig frei.
› **Varkaróla (August):** Ein weiteres Highlight im August ist die Varkaróla (oder Barkarola) in Paleokastrítsa, ein Schauspiel am Strand mit Livemusik, von Fackeln erleuchteten Booten und Feuerwerk. Das Spektakel findet üblicherweise an einem Samstag statt, der dem 11. August am nächsten liegt. Infos: http://varkarola.com.
› **AgiotFest (August):** Bereits seit 2009 wird in Ágios Ioánnis ❻❶ alljährlich im Sommer ein Musikfestival mit Rock, Soul und Folk veranstaltet. Termine, Tickets, teilnehmende Künstler und weitere Informationen liefert die Website www.agiotfest.com.

September bis Dezember

› **Weinfestival (September):** Initiiert vom lokalen Kulturverein, steigt jeden ersten Samstag im September das dem Rebensaft gewidmete Fest in Aríllas ❹❷. Im Rahmen des Festes wird die traditionelle Herstellung des Weines gezeigt, örtliche Tanzgruppen treten auf und es wird bis tief in die Nacht bei Wein und rustikalen Speisen gefeiert. Termine und Infos auf der Internetseite www.arillas.com/wine-festival.
› **Corfu Beer Festival (Ende September/Anfang Oktober):** Fast jedes Jahr findet auf dem Gelände gegenüber der Brauerei Corfu Beer (s. S. 56) in Aríllas dieses fünftägige Bierfest statt. Unter Mitwirkung ausländischer Bierbrauer wird bei Musik und Tanz gefeiert. Termine und das kulturelle Rahmenprogramm finden sich auf der Homepage http://corfu-beer-festival.com/en.

◸ *Zum Osterfest säumen Tausende die Straßen in Korfu-Stadt*

Besonders eindrucksvoll: Ostern auf Korfu

Das höchste Fest der griechisch-orthodoxen Kirche wird auf Korfu besonders prächtig begangen. Hier, wie in ganz Griechenland, verbringt man die Karwoche mit Fasten, Andachten und der Erwartung der Auferstehung Jesu. Am Karfreitag schreitet jede Kirchengemeinde mit ihrem blumengeschmückten Epitaph (Grabdenkmal) die Grenzen des Pfarrbezirks ab. Die Umzüge beginnen am Mittag und dauern bis in den Abend. In den Straßen werden große Kerzen aufgestellt und die Laternen der Arkadenbögen am Listón ❷ in Korfu-Stadt werden mit violetten Lichtern ausgestattet, um den traurigen Anlass von Karfreitag hervorzuheben.

Die Philharmonien (s. S. 23) spielen das Adagio und den Trauermarsch von Chopin. Unzählige Menschen säumen die Straßen in Korfu-Stadt. Am Morgen des Ostersamstags findet die beeindruckende Prozession zu Ehren des hl. Spiridon (s. S. 25) statt. Die Gebeine des Heiligen werden, begleitet von Musikvereinen, durch die Straßen der Stadt getragen.

Ist die Prozession vorbei, strömen die Zuschauer an die obere Esplanáda ❷, denn pünktlich zum Läuten der Glocken der Auferstehung um 11 Uhr beginnt hier ein weiteres Spektakel: die „Erste Auferstehung". Die Korfioten werfen tönerne Krüge, die mit Wasser gefüllt sind, von den Balkonen und aus den Fenstern auf die Straße. Es soll Glück bringen, wenn man die Scherbe eines zerbrochenen Krugs im Haus aufbewahrt. Schon die Venezianer warfen am Neujahrstag alte Dinge aus dem Fenster. Die Korfioten sollen den Brauch für ihren höchsten Feiertag übernommen haben, nun allerdings mit Tonkrügen.

Am Abend treffen sich die Menschen zur Auferstehungszeremonie beim Rondell an der oberen Platía. Tausende wohnen der Messe bei, die unter Mitwirkung des Metropoliten (oberster orthodoxer Bischof der Insel) begangen wird.

Kurz nach Mitternacht folgt dann das befreiende „Christós anésti" („Christus ist auferstanden"). Das Licht Christi wird in Form von Kerzen von Hand zu Hand weitergegeben. Es geht andächtig zu. Dann erleuchtet ein Feuerwerk den Nachthimmel und urplötzlich schlägt die Stimmung um – alle wünschen sich Glück und rufen sich den Ostergruß zu. Die Musik wird fröhlich und in der Stadt wird bis in die Morgenstunden gefeiert.

Offizielle Feiertage
- 1. Januar: **Neujahr**
- 6. Januar: **Theofánia**
- 25. März: **Griechischer Unabhängigkeitstag**
- März/April: **Ostern** (Ostersonntag 2019: 28. April, 2020: 19. April, 2021: 2. Mai)
- 1. Mai: **Tag der Arbeit und Fest der Blumen**
- 21. Mai: **Vereinigung der Ionischen Inseln**
- Mai/Juni: **Pfingsten** (Pfingstsonntag 2019: 16. Juni, 2020: 7. Juni, 2021: 20. Juni)
- 15. August: **Mariä Entschlafung** (wichtiger Feiertag mit großen Kirchweihfesten)
- 28. Oktober: **Nationalfeiertag** (sog. Óchi-Tag)

Korfu kulinarisch

Die korfiotische Küche ist bekannt für ihre **Vielfalt**. Urlauber sollten sich jenseits von *souvláki* und Co. unbedingt auf die lokalen Spezialitäten einlassen. Die **schöne Sitte**, die auf dem Herd schmorenden Gerichte direkt in der Küche zu begutachten und auszuwählen, ist in Griechenland heute zwar nur noch selten zu finden, aber einige Tavernen auf Korfu haben sie sich bewahrt. Viele Tavernen gehen jedoch dazu über, die Speisekarte um **Fotos der angebotenen Gerichte** zu ergänzen oder die Speisen am Eingang auf Fototafeln zu präsentieren. Das erleichtert dem sprachunkundigen Besucher die Auswahl.

Korfiotische Spezialitäten

› **Bourdéto:** Fischgericht in leicht scharfer Soße. Das traditionelle korfiotische Gericht mit Fischstücken (oft Schellfisch oder Kabeljau) wird gelegentlich auch als Abwandlung mit Oktopus angeboten.
› **Pastitsáda:** Heute meist als würziges Ragout aus Rindfleischstücken auf Spaghetti oder dicken Nudeln serviert. Das typisch korfiotische Sonntagsessen darf auf keiner Speisekarte fehlen. Das ursprüngliche Rezept mit Hahn (*pastitsáda kókoras*) wird nur noch selten in den Tavernen angeboten.
› **Pastítsio:** Makkaroni-Auflauf mit Hackfleisch und Tomaten, überzogen mit Bechamelsoße. Korfiotische Spezialität, die nicht immer auf der Speisekarte steht, aber in so mancher traditionellen Taverne frisch gekocht und als Tagesgericht offeriert wird.
› **Sofríto:** Rind- oder Kalbfleisch, geschmort in einer Knoblauch-Weißwein-Soße (s. Rezept S. 103)
› **Stifádo:** Eine Art Rindergulasch mit Zwiebelgemüse, gewürzt mit Zimt und Nelke.

In traditionellen Tavernen gelegentlich auch mit Kaninchen zubereitet. In Fisch-Tavernen wird *stifádo* manchmal zudem als Variante mit Oktopus (*ochtapódi*) serviert.

Fisch und Meeresfrüchte

Frischer Fisch und Meeresfrüchte werden hauptsächlich in den **Tavernen der Küstenregionen** angeboten. Gäste dürfen sich den Fisch ihrer Wahl direkt in der Küche auswählen. Oft bringt der Wirt die zur Auswahl stehenden Exemplare auch auf einem großen Teller direkt zum Tisch. Die **Preise** werden in den Speisekarten oft **pro Kilo** angegeben, weswegen vor den Augen des Gastes abgewogen werden sollte. Zur **Orientierung:** Für eine Dorade (*tsipoúra*) mit einem Gewicht von ca. 500–600 g müssen ca. 15 € kalkuliert werden. Edlere Fische sind entsprechend teurer. Am besten fragt man vor der Bestellung nach dem Endpreis, um keine unliebsame Überraschung zu erleben.

Chórta – das griechische Wildgemüse

Chórta (auch *hórta*) ist in Griechenland ein Sammelbegriff für essbare Wildgemüse. Abhängig von der Jahreszeit sammeln traditionsbewusste griechische Hausfrauen verschiedene Pflanzen und verarbeiten sie zu einer **warmen oder kalten Vorspeise**. Oft sind dies Wildspinat, Mangold, Löwenzahn, Rucola, Sauerampfer, Brunnenkresse oder auch Spitzwegerich. Jede Hausfrau hat eine eigene favorisierte Zusammenstellung, die natürlich je nach Jahreszeit variiert. *Chórta* wird gedünstet oder gekocht, selbstverständlich mit dem

allgegenwärtigen Olivenöl, und unter Zugabe von Gewürzen, Zitronensaft und Knoblauch zu einer warmen Vorspeise verfeinert oder nach dem Abkühlen als Salat serviert. Gelegentlich wird wilder Fenchel und Feta-Käse untergemischt und das Ganze wird zu **gefüllten Blätterteigtaschen** *(chortópita)* verarbeitet. Leider werden die vitaminhaltigen, gesunden Gerichte aus Wildgemüse auf **kaum einer Speisekarte** angeboten. Es kann sich aber lohnen, in den traditionellen Tavernen danach zu fragen.

Von Wasser bis zu Alkoholika

Wasser *(neró)* gehört in Griechenland als Getränk überall dazu. Leider wird nur noch in wenigen Restaurants automatisch Wasser zum Essen gereicht. Wer also nicht darauf verzichten möchte, muss es meist separat bestellen. Neben dem in Griechenland üblichen Wasser ohne Kohlensäure wird zunehmend auch kohlensäurehaltiges Mineralwasser angeboten.

In vielen Tavernen wird sowohl **Wein** vom Fass als auch eine Auswahl an Flaschenweinen gereicht. Der von vielen Einheimischen bevorzugte **Retsína** (ein trockener, geharzter Weißwein) ist für die Geschmacksknospen vieler Urlauber zwar sehr eigentümlich, aber einen Versuch sollte man wagen. Warum der Wein geharzt wird, ist nicht eindeutig belegt. Man sagt dem Harz konservierende Eigenschaften nach und nicht wenige behaupten, er habe heilende Wirkung.

Bierliebhaber finden die üblichen Angebote der Großkonzerne (z. B. Mythos). Hier sei aber besonders das Bier der lokalen Mikrobrauerei **Corfu Beer** (s. S. 56) in Aríllas ❷ empfohlen. Viele Lokale haben die Sorten von Corfu Beer auf der Karte und eine Vielzahl von Urlaubern hat sich bereits von Qualität, Geschmack und Frische der Biere überzeugen lassen. Eine neue Variation der Brauerei ist das alkoholfreie Ginger Ale in den Geschmacksrichtungen Orange und Zitrone: sehr erfrischend und unbedingt empfehlenswert.

Fangfrisch und köstlich: Fisch und Meeresfrüchte auf dem Wochenmarkt in Korfu-Stadt (s. S. 34)

Eine korfiotische Spezialität ist das alkoholfreie **Ingwerbier** *(tsitsibíra)*. Der Softdrink wird aus Ingwer, dem Saft und Öl von frischen Zitronen, Wasser und Zucker ohne Zusatz von Konservierungsstoffen hergestellt. Das süßliche Getränk wird auf Korfu nur noch in Kalafatiónes [D6] hergestellt und ist von Mai bis Oktober in einigen Lokalen erhältlich.

Ganzjährig wird natürlich der bekannte **Oúzo** (Anisschnaps) gereicht. Als Aperitif mit Wasser oder Eis (durch die Mischung erhält der Oúzo das milchige Aussehen) oder pur nach einem ausgiebigen Mahl. Hierzulande weniger bekannt ist der **Tsípouro**, ein dem Grappa ähnlicher Tresterbrand. Der berühmte **Weinbrand Metaxá** zählt ebenfalls zum Angebot vieler Tavernen.

Café frappé: griechisches Lebensgefühl und Kultgetränk

Der **kalt aufgeschäumte Instantkaffee** ist absoluter Kult in Griechenland. Jeder kennt und schätzt ihn. Besonders im Sommer gehört Frappé zum täglichen Geschmacks- und Lebensgefühl. Frappé wird traditionell mit löslichem Kaffee, Zucker und ein wenig Wasser in einem Mixbecher zubereitet, durch das Schütteln entsteht der typische stabile Schaum. Das Ergebnis kommt in ein hohes Glas mit Eiswürfeln und wird vorsichtig mit Wasser aufgefüllt. Abschließend kann man dem Frappé noch einen Schuss Milch zufügen. Alternativ lässt sich Frappé mit einem Mixer oder einem herkömmlichen Milch-Aufschäumer herstellen.

Sofríto-Rezept: Genuss für Knoblauchfans

Sofríto ist eines der beliebtesten Gerichte der korfiotischen Regionalküche. Jede Hausfrau und jeder Küchenchef nutzt dafür sein eigenes Rezept. Das unter Zugabe von sehr viel Knoblauch geschmorte Kalbfleisch schmeckt Einheimischen und Urlaubern gleichermaßen und ist von den Speisekarten nicht mehr wegzudenken. Das Grundrezept ist einfach gehalten und kann leicht nachgekocht werden. Es reicht für sechs Personen:

1,5 kg Rind- oder Kalbfleisch in Scheiben schneiden. Mehl mit Salz und Pfeffer mischen und das Fleisch darin wälzen. Etwas Olivenöl in eine Pfanne geben und die Scheiben darin goldbraun anbraten. Das Fleisch herausnehmen und in einen Topf geben. In die Pfanne 4–5 Knoblauchzehen (zerrieben oder fein geschnitten), 2 EL Essig, ¼ l trockenen Weißwein und feingeschnittene Petersilie geben und aufkochen lassen. Die Soße dann über das Fleisch gießen, Deckel drauf und ca. 2 Std. schmoren lassen. Der herrliche Duft wird die ganze Küche durchströmen.

Das Originalrezept enthält übrigens keinen Weißwein, sondern 4–5 EL Essig und etwas Wasser. Wir bevorzugen allerdings die Variante mit Wein. Als Beilage schmecken Reis oder Rigani-Kartoffeln (in dünne Scheiben geschnittene Kartoffeln unter Beigabe von getrocknetem Oregano in Öl ausgebraten). Auf jeden Fall gehört etwas frisches Weißbrot dazu, um es in die herrliche Knoblauchsoße zu tunken. Viel Spaß beim Nachkochen – so kann man sich ein Stück Korfu nach Hause holen.

Bestellt man Café frappé in der Taverne oder im **Kafeníon** (dem griechischen Café), so gibt man an, in welcher Variante man das Kultgetränk gern serviert haben möchte:
> ohne Zucker: *skétos*
> mittel gesüßt: *métrios*
> sehr süß: *glykós*
> mit Milch: *me gála*

Ebenso verfährt man übrigens auch beim klassischen griechischem Kaffee, dem **Café Ellinikós** (eine Art Mokka). Serviert wird das Getränk in einem hohen Glas mit Strohhalm, normalerweise wird ein Glas Wasser dazu gereicht. Je nach Lage des Lokals ist das Preisniveau für einen Frappé sehr unterschiedlich: Im Kafeníon auf dem Land wird man das Getränk zusammen mit einem Glas Wasser für 1,50 € bekommen. In bester Lage an der Esplanáda ❷ in Korfu-Stadt werden auch schon mal 4 € verlangt – und das häufig ohne das übliche Glas Wasser.

Zwei Varianten des Frappé haben es mittlerweile vor allem bei der griechischen Jugend zum In-Getränk der Sommerzeit geschafft: kalt aufgeschlagener Cappuccino oder Espresso. Wer eines davon versuchen möchte, bestellt **Freddo Cappuccino** bzw. **Freddo Espresso**.

Wo man isst und trinkt

In Lokalen, die nicht nur dem Tourismus dienen, kann nahezu den ganzen Tag getafelt werden. Auf Gäste ist man eingestellt und öffnet häufig schon ab 10 Uhr fürs Frühstück.

Manche **Tavernen** schließen zwar am späten Nachmittag für zwei Stunden, aber in den meisten Lokalen ist ab Mittag bis spät in den Abend Essenszeit. Die in Mitteleuropa typischen Essenszeiten gibt es nicht.

Für den Hunger zwischendurch bietet sich in vielen Urlaubsorten die **Psistariá** an. Hier liegt der Schwerpunkt auf gegrilltem Fleisch (*souvlákia*, *gýros* etc.). Diese Lokale sind eine gute Alternative zur Taverne, wenn man gerade unterwegs ist und nicht ausgiebig speisen möchte. Die typisch griechische **Ouzerí** findet man vorwiegend in Korfu-Stadt: Es handelt sich um kleine Restaurants, in denen Spirituosen (meist Oúzo) und allerlei *mezédes* (Häppchen und kleine Gerichte) gereicht werden.

Wichtiger gesellschaftlicher Mittelpunkt ist das in nahezu jedem Ort zu findende **Kafeníon**. Meist ist es ein schlichtes Kaffeehaus mit Tischen und Stühlen im Freien. Das Kafeníon gilt als „Männertreff" schlechthin. Man trifft sich, um Karten oder Távli

zu spielen sowie über Weltgeschehen und lokale Politik zu diskutieren. Aber keine Bange: Gegen die Anwesenheit von (ausländischen) Besucherinnen hat man nichts einzuwenden.

Griechen gehen selten alleine ins Restaurant, denn zu einem guten Essen gehört für sie stets Geselligkeit und eine **fröhliche Tischrunde** („paréa"). Dabei kommen viele verschiedene Vor- und Hauptspeisen auf den Tisch und jeder bedient sich davon nach Lust und Laune. Wer einmal eine solche *paréa* miterleben darf, wundert sich vielleicht, dass viel zu viel bestellt wird und am Ende noch einiges übrig ist. Alles aufzuessen, „schickt" sich nämlich nicht, denn dann hätte man ja zu wenig bestellt! Oft sieht es nach einem solchen Schlemmermahl auf dem Tisch „etwas wild" aus, denn Teller und Co. werden erst abgeräumt, nachdem die *paréa* tatsächlich zu Ende ist. Bis dahin muss schließlich präsent bleiben, wie gut und ausgiebig man gespeist hat. Aber keine Bange: Falls man als Urlauber in größerer Gesellschaft essen geht, wird in der Regel nicht erwartet, dass man mit allen lokalen Gepflogenheiten vertraut ist.

Beim Bezahlen ist es **unüblich**, sich **getrennte Rechnungen** ausstellen zu lassen. Jemand aus der Gesellschaft übernimmt die gesamte Rechnung, denn ein anderes Verhalten deutet man in Griechenland als Kleinkrämerei. Als **Trinkgeld** sind in Restaurants 5–10 % des Rechnungsbetrags angemessen. Es ist üblich, sich das Wechselgeld herausgeben zu lassen und das Trinkgeld beim Gehen auf dem Tisch liegen zu lassen. Als unhöflich

◁ *Deftig speist man bei den traditionellen Kirchweihfesten (s. S. 98)*

> **EXTRATIPPS**
>
> **Lokale mit guter Aussicht**
> Korfu verfügt über eine Vielzahl von Lokalen, die durch ihre **exponierte Lage** mit **beeindruckenden Ausblicken** punkten:
> › **Evdemon Restaurant** (s. S. 57) und **Porto Timoni** (s. S. 57) in Afiónas ❹❸
> › Panoramacafé **7th Heaven** (s. S. 53) in Perouládes ❹⓿
> › Café **Dolce** (s. S. 60) in Lákones ❹❼
> › Taverne **Apovrado** (s. S. 66) auf der Halbinsel Komméno ❺❻
> › **Angela's Taverna** (s. S. 77) in Pentáti [D7]
> › **Akrotiri Lounge Cafe** (s. S. 54)

Lecker vegetarisch
Die Nachfrage nach vegetarischen Gerichten steigt und auch die griechischen Gastronomen stellen sich darauf ein. Spezielle Restaurants für Vegetarier gibt es nicht, aber in den meisten Tavernen sind zumindest **ein bis zwei vegetarische Hauptgerichte auf den Speisekarten** zu finden. Hinzu kommen die vielen **vegetarischen Vorspeisen**, die selbstverständlich auch als Hauptspeise geordert werden können.

Mit einer großen Auswahl an vegetarischen Gerichten können beispielsweise die Restaurants **Gran Aladino** (s. S. 62) in Paleokastrítsa ❹❽ und **Bakalogatos** (s. S. 32) in Korfu-Stadt aufwarten. Hier werden lokale Produkte qualitativ hochwertig verarbeitet und man berät auch gerne zu vegetarischen Menüs.

gilt es, sich an einen **halb besetzten Tisch** zu setzen, an dem noch Stühle frei sind – es sei denn, man wird explizit dazu aufgefordert.

Seit 2010 ist das **Rauchen** in geschlossenen öffentlichen Gebäuden verboten. Auch wenn viele Griechen selbst das Rauchverbot in Gaststätten nicht allzu ernst nehmen, sollte man sich daran halten.

Was wo kaufen?

Zweifellos ist **Korfu-Stadt** das **wichtigste Einkaufszentrum** der Insel. Hier erledigen Touristen wie Einheimische ihre Einkäufe und gehen auf Shoppingtour. So sind hier viele internationale Boutiquen und Modegeschäfte ansässig. Ausgehend von der **Esplanáda** ❷ beginnt die **Haupteinkaufsstraße Odós Voulgáreos** in der Altstadt und setzt sich als **G. Theotóki** mit vielen schicken Läden bis in die Neustadt fort. Die Straße wurde 2016 ab der **Platía Evangelístrias** als schöne **Fußgängerzone** gestaltet. Folgt man dieser bis zum Ende und biegt rechts ab, kann man auf dem **Wochenmarkt** (s. S. 34) landwirtschaftliche Produkte der Insel erstehen. Einige renommierte **Juweliergeschäfte** haben sich an der Straße **Odós Kapodistríou** direkt auf der Rückseite der Esplanáda angesiedelt.

Wie in allen Urlauberzentren der Insel, z. B. Acharávi ㉑, Kassiópi ㉕ oder Moraítika und Messonghí ㊿, finden sich auch in Korfu-Stadt unzählige **Souvenirläden** mit den üblichen touristischen Angeboten. In den Gassen der Altstadt reihen sich die Shops aneinander und bieten u. a. T-Shirts, Ledergürtel oder Keramikware feil. Hier gilt es, die Spreu vom Weizen zu trennen, denn in so manchem Laden lässt sich auch **hochwertiges Kunsthandwerk** wie Olivenholzartikel oder handbemalte Ikonen erstehen.

Insel-Souvenirs

Beliebte Mitbringsel sind die typischen landwirtschaftlichen und kulinarischen Erzeugnisse der Insel. Dazu zählen etwa Produkte aus Kumquat, Artikel aus Olivenholz, das naturreine Olivenöl der Insel und daraus gefertigte Seife. Auch Kräuter und Honig nehmen viele Korfu-Besucher als Urlaubsandenken mit nach Hause.

Wer nach dem Urlaub nicht auf die Produkte der Insel verzichten möchte, findet im **Onlineshop** von Stefanos Perdikaris ein breites Angebot von überwiegend korfiotischen Herstellern:
› www.corfu-shop.de

Kumquats

Die auch als **Zwergorangen** bekannten Kumquats werden bereits seit 1924 auf der Insel kultiviert. Die Hauptanbauflächen (mehr als 500 Hektar) befinden sich bei Nímfes ㉟ im Norden der Insel. Der Überlieferung nach brachte ein britischer Botaniker den eigentlich in Asien beheimateten Baum 1860 nach Korfu. Die Erntezeit für die kleinen, ovalen, bittersüßen Früchte liegt zwischen Januar und Ende Februar. Jährlich werden bis zu 140 Tonnen geerntet und

---

EXTRAINFO

Kioske als Mini-Konsumtempel

An vielen Straßenecken und auf etlichen Plätzen in Korfu-Stadt sowie an den großen Verbindungsstraßen der Insel findet man sie: **Períptero** („Tempelchen"). So nennt man die kleinen Buden, die auf engstem Raum vieles bereithalten, was man für das tägliche Leben braucht, z. B. Getränke, Zeitungen, Süßigkeiten, Zigaretten und Seife. Unweigerlich fragt man sich, wie der Inhaber es fertigbringt, so viele Waren auf so kleinem Raum unterzubringen. Aus dem gesellschaftlichen Leben sind die kleinen Buden jedenfalls nicht mehr wegzudenken. Feste **Öffnungszeiten** gibt es nicht, die Kioske öffnen in der Regel vom frühen Morgen bis in den späten Abend ihre Pforten.

Was wo kaufen?

Olivenöl

Das Olivenöl von der Insel hat aufgrund der Erntebedingungen zwar nicht die besten Qualitätsmerkmale, ist aber dennoch etwas Besonderes. Es ist **golden** und hat einen **erdigen Geschmack**. Für Touristen wird es „flugtauglich" in **formschöne Dosen** verpackt und in vielen Shops angeboten, z. B. bei **Oliven und Meer** (s. S. 58) in Afiónas ❹❸.

Da etliche **Tavernen-Besitzer** ihr Öl außerhalb der Saison in den eigenen Olivenhainen gewinnen, lohnt es sich nachzufragen, ob man **Olivenöl aus eigenem Anbau** direkt vom Erzeuger erwerben kann.

zu **Marmelade**, **Likör** und **Naschereien** wie **kandierten Früchten** verarbeitet. Die Produkte sind in allen Touristenshops und auf den Märkten der Insel zu erwerben und gelten als das ultimative Korfu-Andenken.

Die **Firma Mavromatis** gehört zu den bekannten Herstellern von Kumquat-Produkten auf Korfu und bietet Besuchern mit einem Demonstrationsvideo **Einblick in die Produktion**. Die Produktionshallen selbst sind für Besucher nicht zugänglich. Die gesamte Palette von Kumquat-Produkten wird im Verkaufsraum präsentiert, vorher darf man manches verköstigen.

> **Mavromatis** <119> an der Nationalstraße 24 aus Korfu-Stadt in Richtung Paleokastrítsa (großes Hinweisschild an der Straße), Tel. 2663022174, www.kumquat.gr

Olivenseife

Sehr beliebt sind die handgemachten Olivenseifen, die es hübsch verpackt in vielen Touristenshops zu kaufen gibt. Die bereits seit 1850 bestehende **Seifenmanufaktur Patounis** in Korfu-Stadt stellt ihre Seifen nach traditionellen Methoden ohne Zusatz von Farb-, Konservierungs- und Duftstoffen her. Interessierte Besucher sind willkommen und können sich den **Herstellungsprozess** ansehen.

EXTRAINFO: Olivenölverkostung im Olivenhain

Die deutsch-griechische Familie Sgouros aus Spartílas ❸❷ betreibt seit vielen Jahren biologischen Olivenanbau und lädt interessierte Urlauber zu einer Verkostung im Olivenhain ein. Gerne erläutert man dabei Anbau und Produktion von hochwertigem Olivenöl.

> **Informationen und Termine:** www.sgouros.de

Kumquat-Produkte in allen Variationen findet man bei Vassilakis (s. S. 34) in Korfu-Stadt

- **Seifenmanufaktur Patounis** <120>
  Ioannou Theotoki 9, bei Pl. San Rocco, Tel. 2661039806, www.patounis.gr, Mo., Mi., Sa. 9.30–14 Uhr sowie Di., Do., Fr. 9.30–14 Uhr und 18–20.30 Uhr. Sonntag geschlossen. Geführte Touren sind nach Voranmeldung möglich.

Olivenholz

Die Olivenholzschnitzerei ist ein auf Korfu weitverbreitetes Handwerk. Von **Kleinmöbeln** über Schüsseln und **Küchenutensilien** bis hin zu **Schlüsselanhängern** werden viele Waren aus dem harten Olivenholz gefertigt. Die Produkte werden in zahlreichen über die Insel verteilten Olivenholz-Shops angeboten. Häufig dürfen Interessierte sogar bei der **Herstellung** zuschauen, wie z. B. im **Olive Wood Shop Corfu** (s. S. 39) in Acharávi.

Honig, Kräuter und Nubulo

Kräuter- und Thymianhonig kann man in manchen Bergdörfern der Insel, etwa in **Paleó Períthia** 34, direkt vom Imker kaufen. Rund um **Makrádes** 45 werden an **provisorischen Verkaufsständen** allerlei einheimische Produkte und Kräuter angeboten.

Nubulo (auch **Noúboulo**), eine typisch korfiotische Delikatesse aus geräuchertem Schweinefilet am Stück, findet man bei ausgewählten Metzgereien und im gut sortierten Supermarkt. Das in der Nähe von Doukádes 51 ansässige Unternehmen **Michalas** stellt **geräucherte Wurstspezialitäten** nach alter Tradition her. Die Spezialitäten aus dem Hause Michalas findet man in den größeren Supermärkten der Insel.

› www.lamichalas.gr (nur auf Griechisch)

Natur erleben

Die immergrüne Insel

Die Vegetation auf Korfu ist sehr **üppig** und **artenreich** – nicht umsonst wird auch von der immergrünen Insel gesprochen. Regenreiche Winter, ein mildes Klima ab dem Frühjahr und eine hohe Luftfeuchtigkeit führen unter anderem dazu, dass auf Korfu in allen vier Jahreszeiten Blütezeit ist. Die zahlreichen **Niederschläge in den Wintermonaten** sind auf die nordwestliche Lage der Insel zurückzuführen. Aus dem westlichen Mittelmeer kommende Regengebiete können sich hier ungehindert entladen. Selbst im Hochsommer machen die Landschaften jedoch keineswegs einen kargen Eindruck. Unterschiedlichste Naturräume mit dem ansteigenden Bergland im Norden, dem mittelkorfiotischen Hügelland und dem flachen Inselsüden sorgen für eine **abwechslungsreiche Landschaft**, die Urlauber bestimmt niemals langweilt.

Allgegenwärtige Olivenhaine

Auf der Insel sollen rund **4 Mio. Olivenbäume** stehen. Der „grüne Mantel“ aus Olivenbäumen präsentiert sich dem Gast bereits beim Anflug auf die Insel. Die **Erntezeit** dauert von Januar bis Mai bzw. Juni.

Der Grund für die Vielzahl der Olivenhaine hat seinen Ursprung im 16. Jh, als die **Venezianer** den Olivenanbau mit einer Prämie von 360 Drachmen pro hundert Bäume belohnten. Kein Wunder, dass der Olivenbaum fast überall auf Korfu das Landschaftsbild prägt und den einst so bedeutsamen Weinanbau nach und nach verdrängte.

Olivenöl spielt auf Korfu eine bedeutende Rolle. Es steht immer zur Verfügung und wird daher auch vielseitig verwendet: zum Kochen, zum Brennen und zur Körperpflege. In entlegenen Dörfern findet man gelegentlich noch alten **Olivenpressen**, die früher von einem Esel angetrieben wurden. Heute ist das Verfahren natürlich längst automatisiert. Wie die Ölgewinnung damals und heute vonstatten ging, können sich interessierte Besucher in **Mavroudis Family Museum** (s. S. 74) in Vraganiótika erläutern lassen.

Weinanbau und Weingüter

Etwa 8 % der landwirtschaftlichen Fläche ist heute mit Reben bepflanzt. Die besten **Anbaugebiete** finden sich in trockenen Hanglagen wie z. B. in der Region um Liapádes ❺ und Sinarádes ❼. Beliebte **Rebsorten** sind *Kakotrígis* (trockener Weißwein, dem Riesling ähnlich) und *Petrokórithos* (trockener Rotwein mit fruchtigem Aroma). Viele Korfioten keltern ihre Trauben aus eigenem Anbau selbst und so lohnt es oft, in der **Taverne** nach dem **eigenen Hauswein** zu fragen. Professionelle Weinkellereien bieten Besuchern einen Einblick und laden zu **Weinproben** ein:

› **Weingut Grammenos** <121> Sinarádes, Tel. 2661054687. Das Weingut liegt im Westen der Insel. Neben Weinproben lässt sich ein schöner Blick auf die Bucht von Ágios Górdis genießen.
› **Weingut Theotoky** <122> Rópa-Ebene, Giannades, www.theotoky.com. Eine Tour mit Weinprobe kann Di.–So. auf Nachfrage gebucht werden (5 €), Infos und Reservierungen auf der Website. Seit mehreren Generationen widmet sich die Familie Theotoky dem Wein- und Olivenanbau. Von zusätzlichem Interesse ist die einzigartige Privatsammlung von über 35.000 Büchern, Karten und Stichen zur Geschichte des Byzantinischen Reichs und der Ionischen Inseln.

Florale Pracht: die Pflanzenwelt Korfus

Das milde Klima und der fruchtbare Boden sind ausschlaggebend für die große Pflanzenvielfalt. Vor allem im **Frühjahr** überzieht ein **Blütenmeer** die Landschaft und verwandelt die Insel in einen einzigen Blumengarten. Aber nicht nur die Fülle an Wildblumen sorgt für einzigartige Farbtupfer. Überall blühen Zitronen- und Orangenbäume, Oleander, Ginster, Wandelröschen und zahlreiche Sträucher.

▷ *Im Frühjahr überzieht ein wahrer Blumenteppich die Insel*

EXTRAINFO

Ziziphus: lecker und weithin unbekannt

Die Früchte der **Chinesischen Jujube** (*Ziziphus jujuba*, auch **Zizipha/o** oder **Chinesische Dattel** genannt) dürften den meisten Korfu-Urlaubern bislang unbekannt sein. Dabei ist die Pflanze aus der Familie der Kreuzdorngewächse auf der Insel recht häufig in Gärten oder am Wegesrand anzutreffen. In unreifem Zustand sind die kleinen, ovalen Früchte hellgrün. Ab Mitte August reifen sie und verfärben sich braun bis rotbraun. Ziziphus ist sehr wohlschmeckend und erinnern im Geschmack an eine Mischung aus Apfel und Birne. Mit fortschreitender Reifung werden die Früchte immer süßer, bei Überreife erreichen sie die Konsistenz einer Dattel.

Den Früchten werden verschiedene pharmazeutische Wirkungen nachgesagt, in getrockneter Form dienen sie als **Brusttee bei Erkältungen** – daher auch der Beiname „Brustbeere".

Wem am Wegesrand ein Baum oder Strauch mit diesen Früchten auffällt, darf bedenkenlos zugreifen. Aber bitte nicht zu ungestüm, denn die Pflanzen haben **fiese Dornen!**

Eine Pflanze mit fleischigen Blättern fällt besonders an Küsten- und Strandböschungen auf: Die **rote Mittagsblume** bildet dichte Matten und sorgt im April und Mai mit herrlichen Blüten für so manchen Blickfang an Korfu Stränden.

Von großem Interesse für Pflanzenfreunde sind die hier heimischen **wilden Orchideen**. Auf Korfu sind ca. 35 Arten anzutreffen, die von März bis Mai ihre Blütenpracht entfalten. Orchideenliebhaber sollten einen Besuch des Britischen Friedhofs ⓯ in Korfu-Stadt einplanen. Auf dem parkähnlichen Gelände wachsen einige wilde Orchideenarten. Der dort wohnende Friedhofsgärtner zeigt gern die Fundorte.

An Land, am Strand, im Meer: die Tierwelt Korfus

Die Veränderung der Vegetation von der Antike bis heute, ausgedehnte landwirtschaftliche Kultivierung und die bei Einheimischen beliebte Jagd im Herbst hat sich auf die Fauna Korfus ausgewirkt. Die **Rodung der Wälder** rund um das **Pantokratormassiv** (s. S. 38) im Norden ist sicher auch einer der Gründe, warum es auf der Insel keine großen, wild lebenden Säugetierarten mehr gibt.

Heute kommen hauptsächlich kleine Säugetierarten (Kaninchen, Fuchs, Marder, Igel) und viele Reptilienarten vor. **Schlangen** (s. S. 112) trifft man auf Korfu häufig an. Eidechsen sind hier allgegenwärtig. Die prächtig grün gefärbte **Smaragdeidechse** verlässt in den frühen Morgenstunden ihr Ver-

◁ *Die Europäische Gottesanbeterin kommt auf Korfu recht häufig vor*

Natur erleben

steck und begibt sich nach einem intensiven Sonnenbad auf Nahrungssuche. Bevorzugte Gebiete sind vegetationsarme Felsregionen und Areale mit wildem Bewuchs. Recht häufig kommt auf Korfu der **Scheltopusik** vor. Die bräunlich gefärbte Echse mit schlangenähnlichem Aussehen gehört zur Familie der Schleichen und erreicht eine Länge von ca. 120 cm. Den **Hardun**, eine außergewöhnliche Echse aus der Familie der Agamen, kann man sogar in Korfu-Stadt antreffen: Die Tiere halten sich mit Vorliebe auf den Bäumen entlang der Garítsa-Bucht auf. Also unbedingt Augen auf beim Spaziergang durch die Stadt!

Mit etwas Glück werden Korfu-Besucher auch einer **Griechischen Landschildkröte** begegnen. Die Tiere ziehen sich allerdings aufgrund der Lebensraumveränderungen immer mehr in ruhige Gebiete zurück.

◸ *Beeindruckend: eine Kolonie Rosaflamingos bei Alikés*

Die bedeutenden **Feucht- und Lagunengebiete** Korfus dienen nicht nur als Lebensraum für eine Vielzahl von Echsen, sie beherbergen auch eine mannigfaltige **Vogelwelt**. Hierzu zählen die Lagune **Antinióti** bei Ágios Spirídon ㉓, **Chalikopoulos** in der Nähe des Flughafens und **Korissíon** (s. S. 81) im Südwesten. In Letzterer wurden über 150 Arten gezählt. In den Feucht- und Salzwiesen der ehemaligen **Salinen von Alikés** nördlich von Lefkími ㊱ finden sich sogar jedes Jahr **Rosaflamingos** ein.

In **warmen Frühlingsnächten** im Mai und Juni kann man auf Korfu ein besonders schönes Schauspiel beobachten. Eine Heerschar kleiner **Leuchtkäfer (Glühwürmchen)** bevölkert die Natur und blinkt um die Wette. Die kleinen Käfer, im griechischen Volksmund *kolofotiés* genannt, können auf biologischem Wege Lichtsignale produzieren. Das Verhalten dient der Partnersuche, damit sich männliche und weibliche Tiere zur Paarung finden. Die kleinen, ca. 1 cm langen

Käfer sind schwarz-rot gefärbt und fallen tagsüber wenig auf. Kaum ist es dunkel, nimmt die Zahl der Lichtsignale deutlich zu. Ein Spaziergang in einem der **Olivenhaine** Korfus ist genau das Richtige für Romantiker: Dann „schalten" Hunderte der Tiere ihren Leuchtmechanismus am Hinterteil „ein" und sorgen so für eine magische Atmosphäre.

Die **artenreiche Vielfalt der Unterwasserwelt** lässt sich nicht nur als Taucher erkunden. Im kristallklaren Wasser genügt vielerorts eine Schnorchelausrüstung, um die abwechslungsreiche Mittelmeerfauna zu beobachten (s. Tauchen und Schnorcheln auf S. 89).

In den letzten Jahren wurden wieder häufiger Nistplätze der **Unechten Karettschildkröte** an einigen Stränden Korfus entdeckt. Naturschützer kennzeichnen sie und sorgen mit Absperrbändern an diesen Strandabschnitten dafür, dass die im Sand vergrabenen Eier nicht zerstört werden.

▷ *Er wird auch Schleuderschwanz genannt: ein Hardun (s. S. 111)*

Lauern auf Korfu „tierische Gefahren"?

In verschiedenen Internetforen taucht immer mal wieder die Frage auf, ob es auf der Insel Tiere gibt, die für den Menschen gefährlich werden können. Es bleibt eine Frage der Interpretation, was unter „gefährlich" zu verstehen ist. Auf jeden Fall kann es nicht schaden, einige Tiere zu kennen, mit denen eine Begegnung schmerzhaft enden könnte:

› *Schlangen: Aufgrund der Bodenbeschaffenheiten und klimatischen Bedingungen beherbergt Korfu viele Schlangenarten. Die Tiere sind besonders im Frühjahr aktiv. Die Mehrzahl der Urlauber wird allerdings kaum ein Exemplar der schönen Tiere zu Gesicht bekommen, da Schlangen sehr scheu sind und schnell die Flucht ergreifen – und zwar lange bevor man sie überhaupt wahrnimmt. Auf Korfu gibt es nur eine einzige giftige Gattung, die Europäische Hornotter (auch Horn- oder Sandviper), sehr gut zu erkennen am Zickzack-Muster auf dem Rücken und einem auffallenden „Horn" am vorderen Kopf. Es ist zwar äußerst unwahrscheinlich, dass man solch einem Exemplar begegnet, aber es schadet nicht, wenn man die Gattung identifizieren kann.*

› *Skorpione: Skorpione halten sich am liebsten dort auf, wo es dunkel und feucht ist – z. B. unter Steinen, in Mauern und unter Blumentöpfen. Auf Korfu findet man vor allem den kleinen, bräunlichen Skorpion (Euscorpius italicus). Die Stiche sind schmerzhaft und werden mit Salben behandelt. Sollte jemand mit labilem Kreislauf gestochen werden, werden eventuell noch stabilisierende Mittel verabreicht. Aber keine Panik: Wir selbst haben während unserer vielen Aufenthalte auf Korfu lediglich einen Skorpion gesehen und konnten ihm rechtzeitig aus dem Weg gehen.*

› *Europäischer Riesenläufer (auch Mittelmeerskolopender): Das Aussehen und die Länge von ca. 10 cm erinnern an einen übergroßen Tausendfüßer. Der Riesenläufer gehört zur Art der Hundertfüßer und ist*

ein nachtaktiver Räuber. Tagsüber zieht er sich unter Steine oder an andere geschützte Stellen zurück. Zu seiner Beute gehören Insekten. Er reagiert auf Bedrohung mit Angriff, weswegen bei einer Begegnung Vorsicht geboten ist. Sein Gift ist für einen gesunden Menschen nicht sonderlich gefährlich, aber die Bisse sind sehr schmerzhaft.

› **Seeigel:** Seeigel halten sich vorwiegend in felsigen bzw. sehr steinigen Regionen des Meeres auf. Tritt man auf einen Stachel der Tiere, bricht dieser eventuell ab und bleibt im Fuß stecken, was schmerzhafte Entzündungen zur Folge haben kann. Wer auf Nummer sicher gehen möchte, sollte im felsigen Meer Badeschuhe tragen.

› **Petermännchen:** Der Fisch mit dem niedlichen Namen gehört zur Familie der Barsche und besitzt einen giftigen Stachel an der vorderen Rückenflosse sowie einen giftigen Dorn am Kiemendeckel. Zum Laichen kommen die Fische im späten Frühjahr und Sommer aus den tieferen Regionen des Meeres an die Uferbereiche und Strände des Mittelmeers und verstecken sich dort tagsüber im lockeren Sand. So getarnt, sind die Tiere von Badegästen kaum auszumachen. Tritt man aus Versehen auf ein Petermännchen oder kommt es zu einer Berührung, gibt der Fisch über den Stachel Gift ab und es treten umgehend heftige Schmerzen auf. Das Gift des Petermännchens besteht überwiegend aus hitzeempfindlichem Eiweiß. Deshalb sollte der Bereich um die Einstichstelle möglichst schnell erwärmt werden. Wenn möglich, sollte man den Fuß für einige Zeit in heißes Wasser legen. Als Notlösung können auch heißer Sand oder die Glut einer Zigarette helfen, die vor die Wunde gehalten wird. Meist verschwinden die Schmerzen dann nach einiger Zeit. Sollten sie trotz der „Wärmebehandlung" nicht nachlassen bzw. starke Rötungen, Schwellungen und ein Taubheitsgefühl hinzukommen, ist ein Arzt aufzusuchen.

Stechmücken auf Korfu – wen juckts?

Die Frage, ob es eine Mückenplage auf Korfu gibt, füllt mittlerweile ganze Korfu-Foren und so mancher Fan der Insel kann diese Frage nicht mehr hören. Wie in den meisten südlichen Ländern können die unliebsamen Zeitgenossen durchaus mal lästig werden - besonders in der Dämmerung. Rund um die Lagunen und Seen der Insel (z. B. Antinióti im Norden, Korissíon im Süden) treten die Mücken logischerweise vermehrt auf, aber auch hier kann von einer regelrechten Plage nicht die Rede sein.

Zum Schutz vor Stechmücken gibt es die bekannten Einreibemittelchen für die Haut. An den Fenstern der meisten Unterkünfte sind Mückengitter angebracht. Die Einkaufsmärkte der Insel halten außerdem Stecker mit Duftplättchen oder aber Räucherspiralen für den Außenbereich bereit. Die Tavernen räuchern mit diesen Spiralen bei Einfall der Mücken (oft ist dies nur eine kurze Zeit bei Anbruch der Dunkelheit) ordentlich ein, damit die Gäste möglichst unbehelligt bleiben. So mancher Wirt geht dabei ausgesprochen erfinderisch vor: Kurzerhand stellt er einen großen Standventilator auf und bringt die Räucherspiralen mittels einer selbst gebastelten Aufhängung direkt vor dem Gebläse an - fertig ist das praktische und effektive Mückenabwehrsystem!

Also keine Bange: Den einen oder anderen Mückenstich wird man sich während eines Korfu-Urlaubs vielleicht einfangen, aber schließlich gibt es ja noch Mittel, die den Juckreiz lindern. Ergreift man die erwähnten Vorsichtsmaßnahmen, wird man mit den Plagegeistern wenig Bekanntschaft machen.

Umweltschutz und ein leidiges Müllproblem

Wer Korfu bereist, wird bei Touren über die wunderbare Insel gelegentlich auch **unschöne Bilder** zu Gesicht bekommen. Da wird schon einmal Sperrmüll auf einer wilden Müllkippe entsorgt, ein alter Herd über einen Abhang geworfen oder ein Autowrack rostet in der Landschaft vor sich hin. Die **Plastikflaschenkultur** ist weit verbreitet und immer wieder tauchen einzelne Exemplare inmitten der Natur auf. Das Müllproblem gärte auf Korfu schon einige Jahre vor sich hin, bevor es sich 2016 drastisch verschärfte.

Die Fakten: Nahe der Hauptstadt, in **Templóni**, gibt es die einzige **offizielle Mülldeponie** der Insel, deren Kapazität jedoch längst nicht mehr ausreicht und die zudem nicht zur Entsorgung von Sondermüll nach geltenden EU-Normen konzipiert ist. Die Deponie wuchs ständig an und kam Templóni immer näher. Klagen der Bewohner über Geruchsbelästigung und Gefahren für die Gesundheit mündeten in **Protesten** und **Blockaden** der Deponie. Es kam, wie es kommen musste: Einige Bewohner von Templóni blockierten von Mai bis Juli 2016 die Deponie, sodass sich auf den Straßen Korfus bis in den kleinsten Ort **stinkende Müllberge** anhäuften. Vereinzelt berichteten auch deutschsprachige Medien über den drohenden Umweltskandal. Internationale Reiseveranstalter machten Druck und schließlich vereinbarte man mit den Anwohnern von Templóni eine zweimonatige Zeitspanne, in der wieder Müll in der Deponie angenommen wurde. Klar war, dass dies keine dauerhafte Lösung darstellte. Im April 2017 forderte ein Urteil des Europäischen Gerichtshofes die Einstellung des Betriebes in Templóni und einen ordnungsgemäßen Umbau.

Wie sieht eine **Lösung für die Zukunft** aus? Ein Verfahren zur Errichtung einer modernen Deponie im Inselsüden wurde bereits 1995 eingeleitet. Auch dort protestierten die Anwohner dagegen. Trotz eines Zuschusses von drei Millionen Euro aus EU-Mitteln wurde die geplante **Deponie bei Lefkími** ⓮ bisher nur als Zwischenlager für gepresste Abfallballen aus Templóni in Betrieb genommen.

Fehlende Kapazitäten, Proteste und Blockaden sowie ein **Brand auf der Deponie** in Süd-Korfu führten 2018 dazu, dass sich der Abfall in großem Ausmaß wieder auf den Straßen Korfus türmte. Der Transport von Abfallballen zur Deponie in Lefkími konnte 2018 nur mit erheblicher Polizeipräsenz erfolgen, was wiederum zu großen Protesten der Bevölkerung führte.

Mittlerweile gibt es zwar **Pläne zur ordnungsgemäßen Abfallwirtschaft** (Wertstoffsammlung, Bioabfälle, Recycling etc.), jedoch lässt die bisherige Entwicklung befürchten, dass die Umsetzung einige Jahre dauern wird.

Positiv bleibt zu erwähnen, dass einige **Dorfgemeinschaften in Eigeninitiative ein Trennsystem eingerichtet** haben und so für ein erheblich reduziertes Aufkommen von Restmüll sorgen.

Von den Anfängen bis zur Gegenwart

Erste menschliche Spuren tauchten in der letzten Eiszeit auf. Kérkyra war damals noch keine Insel, sondern ein Fortsatz des Festlandes. Bei der Lagune Korissíon (s. S. 81) wurden Werkzeuge aus der Mittleren Altsteinzeit gefunden (50.000–40.000 v. Chr.). In der Jungsteinzeit (10.000– 9700 v. Chr.) war Kérkyra bereits eine Insel. Prähistorische Siedlungen wurden u. a. in Afiónas ⓸⓷*, Messonghí* ⓺⓹ *und bei Dassiá* ⓹⓹ *entdeckt. Die jüngere Geschichte Korfus ist eng mit der Historie der Ionischen Inseln verwoben. Im Unterschied zum restlichen Griechenland war Korfu nie unter osmanischer Herrschaft, sondern lange in venezianischem Besitz. So verwundert es nicht, dass jeglicher orientalische Einfluss fehlt. Die Venezianer haben viele Spuren hinterlassen, von der kulturellen Blüte gibt es viele Zeugnisse in Korfu-Stadt.*

1267–1386: Herrschaft der Könige von Anjou. 1267 fällt Korfu an den in Neapel herrschenden Karl I. von Anjou. Die neuen Herren bekämpfen die orthodoxe Kirche. 1386 schließt sich Korfu freiwillig Venedig an.

1386–1797: Venezianerherrschaft. Am 28. Mai wird die venezianische Flagge gehisst. Es herrscht eine starke Hierarchisierung vor: Die Einwohner werden in Adlige, Bürgerliche und das einfache Volk unterteilt. 1716 wird Korfu-Stadt belagert, 33.000 Türken stehen Graf Matthias von der Schulenburg (s. S. 17) mit seinen 8000 Mann gegenüber. Aufgrund des Wetters ziehen sich die Angreifer schließlich zurück. Für die Korfioten scheint dies ein Wunder, das sie dem Inselheiligen St. Spiridon (s. S. 25) zuschreiben. Schulenburg wird noch zu Lebzeiten ein Denkmal gesetzt, das heute vor dem Eingang zur Alten Festung ❶ steht.

Von den Anfängen bis zur Gegenwart

1797–1807: Französisches Regime und Republik der Sieben Inseln. Am 17. Oktober 1797 werden die Ionischen Inseln den Franzosen übereignet. Frankreich krempelt die Gesellschaftsordnung um und führt den freien Handel ein. Die anfängliche Begeisterung schwindet jedoch bald, da Kaufleute hohe Steuern zahlen müssen und das religiöse Empfinden der Korfioten durch den Atheismus der Besatzer verletzt wird. Das Osmanische Reich erklärt Frankreich in einer Allianz mit Russland den Krieg. Die Russen vertreiben die Franzosen und rufen 1800 die Republik der Sieben Inseln aus. Die Regierung wird in russischem Auftrag von Ioannis Kapodistrias (s. S. 67) geführt, bis die Inseln 1807 wieder an Frankreich übergehen.

1807–1815: Korfu unter dem kaiserlichen Frankreich. Frankreich versucht, den britischen Einfluss im Mittelmeer zurückzudrängen und unterstützt die Bestrebungen der Griechen nach Unabhängigkeit. In dieser Zeit bauen die Franzosen den Listón ❷ mit den Arkaden. Frankreich verliert aufgrund des Russlandfeldzugs in Europa an Boden und die Engländer dringen auf die Ionischen Inseln vor. Im April 1814 besetzen die Engländer Korfu ohne Kampfhandlungen. Ein Jahr später werden die Ionischen Inseln auf dem Kongress von Paris an die Engländer übereignet.

1815–1863: Vereinigte Staaten der Ionischen Inseln. Korfu-Stadt wird Hauptstadt. Erster Hochkommissar ist Thomas Maitland. Zur Erinnerung an seine Ankunft wird der Rundtempel (Maitlands Rotonda) im oberen Teil der Esplanáda ❷ erbaut. Die Ionischen Inseln erhalten eine neue Verfassung. Der griechisch-orthodoxe Glaube wird zur Staatsreligion, Griechisch zur offiziellen Landessprache. Die Engländer bauen die Infrastruktur aus, unter der Regentschaft von Sir Frederick Adam entsteht das Wasser- und Abwassersystem von Korfu-Stadt. Ein Denkmal von ihm steht heute im Park vor dem Palast St. Michael und St. George ❸. 1828 wird Kapodistrias erster Präsident des Landes. Die politische Karriere des bedeutenden Staatsmannes endete jedoch 1831 abrupt mit seiner Ermordung. Großbritannien, Frankreich und Russland ernennen den bayerische Prinz Otto zum König Griechenlands.

1864: Abtretung der Ionischen Inseln an Griechenland. Am 21. Mai 1864 findet die offizielle Zeremonie statt. Seitdem ist der 21. Mai ein wichtiger Feiertag auf den Ionischen Inseln.

1912: Das ländliche Korfu hat sich in den letzten Jahrhunderten kaum verändert. Erst 1912 wird ein Gesetz verabschiedet, das die Leibeigenschaft der Bauern aufhebt und sie von ihren Schulden befreit. Der Landadel büßt an Macht ein.

1914–1938: Durch den Niedergang des Osmanischen Reiches wird England wieder zur dominierenden Macht im Mittelmeer. Während des Ersten Weltkriegs 1914–1918 wird Korfu friedlich von den Franzosen besetzt. Griechenland ist politisch und wirtschaftlich instabil und zu Beginn des 20. Jh. in mehrere Kriege gegen die Türken involviert. Erst ab September 1922 herrschte wieder Frieden.

1939–1942: Zweiter Weltkrieg, erste Kriegsjahre. Italien hat es mit der Torpedierung eines griechischen Zerstörers auf eine Kriegserklärung abgesehen, die prompt am 28. Oktober 1940 erfolgt. Drei Tage später wird Korfu-Stadt bombardiert, was 200 Todesopfer und erhebliche Zerstörungen zur Folge hat. Im April 1941 besetzt die italienische Armee die Insel. Der Griechisch-Italienische Krieg geht zu Ende, die Italiener verdanken ihre Anwesenheit auf Korfu nur noch den deutschen Verbündeten. Nachdem Mussolini 1943 in Italien gestürzt wird, kommt es zu einem deutsch-italienischen Konflikt. Die auf Korfu stationierten Italiener kämpfen gegen ihre ehemaligen Verbündeten. Am 14. September 1943 bombardieren die Deutschen Korfu-Stadt. Die Insel erleidet die wohl schwersten Zerstörungen ihrer Geschichte. Ein Drittel der Innenstadt liegt in Trümmern, viele Häuser sind stark beschädigt. Der Schutt dient später als Baumaterial für den Flughafen in der Chalikopoulos-Lagune.

1943–1944: Deutsche Besatzung. Die Edelweiß-Division landet auf Korfu. Am 25. September 1943 wird die Insel besetzt. Über 2000 korfiotische Juden werden im Sommer 1944 deportiert. Unterhalb der Neuen Festung ⓭ erinnert heute ein Mahnmal an ihr Schicksal (s. S. 26). Mit der deutschen Niederlage an der Ostfront zeichnet sich das Ende des Krieges ab. Die Engländer kämpfen sich 1944 bis zu den Ionischen Inseln durch, die Deutschen ziehen im Oktober 1944 ab.

1946–1949: Von März 1946 bis Oktober 1949 herrscht Bürgerkrieg. Konfliktparteien sind die Kommunistische Partei Griechenlands und die Anhänger der griechischen Monarchie. Zeugnisse dieser Zeit finden sich auf der Korfu-Stadt vorgelagerten Insel Lazaréto (s. S. 67), auf der viele Regimegegner hingerichtet werden.

1945–1960er-Jahre: 1945 endet der Zweite Weltkrieg. Die Mehrheit der Bevölkerung lebt in der Nachkriegszeit am unteren Existenzminimum. Immer mehr Korfioten wandern in dieser Zeit ins Ausland aus oder gehen nach Athen. Eine neue Ära beginnt erst 1951 mit Eröffnung des Club Méditerranée, einer französischen Ferienklubkette, in Ípsos ⓬. Die Tourismusindustrie etabliert sich auf Korfu und bringt neuen Wohlstand. Der konservative Politiker Konstantin Karamanlis führte ab 1955 mehrere griechische Regierungen an. Das Land soll den westlichen Europa angenähert werden. 1962 unterzeichnet Griechenland ein Abkommen für eine EWG-Mitgliedschaft. Georgios Papandreou gewinnt 1963 mit

◁ *Hafenansicht von Korfu-Stadt aus dem Jahr 1890*

der EK-Partei (Zentrumsunion) die Wahlen und wird dabei auch von den Linken unterstützt. König Konstantin II. setzt ihn jedoch 1965 infolge eines Streits ab. Kurz vor den für Mai 1967 vorgesehenen Wahlen kommt es im ganzen Land zu Streiks und Demonstrationen.

1967–1973: Militärdiktatur. Zu der geplanten Wahl kommt es nicht, denn rechte Offiziere putschen am 21. April 1967 und errichten eine Diktatur in Griechenland. Eine Zensur wird eingeführt, Linke werden verhaftet, Streiks und Gewerkschaften verboten. Im Dezember 1967 versucht König Konstantin II., wieder die Oberhand zu gewinnen und flieht schließlich ins Exil. Als Reaktion auf den Putsch friert die Europäische Gemeinschaft die dem Land gewährten Kredite ein, aber ungeachtet dieser politischen Umstände wächst der Tourismus und viele Länder halten wirtschaftliche Beziehungen zu Griechenland aufrecht.

1974: Das Militärregime bricht im Zusammenhang mit dem Zypernkonflikt zusammen, freie Wahlen finden statt. Unter Ministerpräsident Karamanlis kehrt Griechenland zur Demokratie zurück.

1998: Unter der Regierung von Kostas Simitis wird Griechenland auf Kurs für die Europäische Währungsunion gebracht.

2001: Das Land führt den Euro ein.

2010: Griechenland steht vor dem Staatsbankrott. Nur durch einschneidende Sparmaßnahmen und Finanzhilfen der Europäischen Union und des Internationalen Währungsfonds kann das Land vor der Zahlungsunfähigkeit bewahrt werden.

2015: Das radikale Linksbündnis Syriza unter Alexis Tsipras gewinnt die Neuwahlen. Tsipras verspricht den Wählern, das Sparprogramm zu beenden. Der Austritt Griechenlands aus der Eurozone (Grexit) steht im Raum. Die neue Regierung ringt mit der EU um einen Kompromiss. Am 5. Juli 2015 stimmt das griechische Volk in einem Referendum gegen die Gläubigerforderungen. Die griechische Regierung legt kurz darauf ein Reformpaket vor, das zum Großteil den Gläubigerforderungen entspricht. Die Bevölkerung leidet unter der griechischen Staatsschuldenkrise.

2016: Korfu verbucht einen Touristenboom. Zurückzuführen ist dies zum Teil auf den Einbruch der Besucherzahlen in türkischen Urlaubsregionen und anderen als unsicher geltenden Urlaubszielen. Die örtliche Infrastruktur, z. B. Tavernen und Gasthäuser, können daraus allerdings kaum finanziellen Nutzen ziehen. Trotz Besucherrekorden steigen die Gewinne aufgrund stark erhöhter Steuern und Energiepreise nicht.

2017: Die Schuldenkrise bleibt beherrschendes Thema. Tsipras kündigt kurz vor dem Jahreswechsel 2016/2017 ein Sonderprogramm mit Zahlungen für gering verdienende Rentner an, was für Verstimmung bei den internationalen Gläubigern und der eigenen Regierung sorgt. Die innenpolitische Lage gilt als unsicher, bei aktuellen Umfragen liegt die konservative Nea Dimokratia (ND) deutlich vor der Regierungspartei. Fast täglich fordern die Oppositionsparteien Neuwahlen.

2018: Korfu verbucht neben anderen beliebten griechischen Inseln wiederum Besucherrekorde. Allumfassendes Thema in den nationalen und internationalen Medien ist jedoch die prekäre Müllsituation auf Korfu mit stinkenden Müllbergen an den Straßen (s. S. 114). Sollte hier keine schnelle Lösung gefunden werden, wird sich dies sicherlich negativ auf die Besucherzahlen in der Saison 2019 auswirken.

PRAKTISCHE REISETIPPS

An- und Rückreise

Mit dem Flugzeug

Viele Fluggesellschaften, z. B. Condor, Eurowings, Easyjet, TUIfly und Ryanair, bieten von April/Mai bis Oktober **Direktflüge von deutschen Flughäfen** (z. B. München, Stuttgart, Frankfurt, Düsseldorf, Hannover, Hamburg, Dresden) nach Korfu an, die auch ohne Pauschalangebot buchbar sind. Ganzjährige Verbindungen bestehen über **Athen** und **Thessaloniki**. Die **Flugzeit** beträgt z. B. ab Stuttgart etwa 120 Minuten, ab Hamburg ca. 160 Minuten.

In Österreich bieten z. B. Austrian Airlines und Eurowings von Mai bis Oktober Direktflüge ab **Wien** mit einer Flugzeit von ca. 100 Minuten an. Von den Flughäfen **Zürich** und **Basel** in der Schweiz bestehen von Mai bis Oktober Direktverbindungen mit TUIfly (Basel) und Swiss Air (Zürich) mit einer Flugzeit von ca. 130 Minuten. Die **Preise** variieren je nach Saison sehr stark und liegen für einen Hin- und Rückflug zwischen 200 und 600 Euro pro Person.

Der **Flughafen Ioánnis Kapodístrias** (Kürzel **CFU**) [E5] liegt am Stadtrand von Korfu-Stadt, ca. 2 km vom Zentrum entfernt. Für die Weiterfahrt zur Unterkunft oder zum Busbahnhof in Korfu-Stadt stehen **Taxis** zur Verfügung. Die Fahrt vom Flughafen zum Busbahnhof dauert ca. 10 Min. und kostet rund 16 €.

Die **Buslinie 15** der Gesellschaft KTEL (Corfu City Bus) verbindet den Flughafen mit dem Busbahnhof und dem Fährhafen (Fahrzeit ca. 15 Min. bis zum Busbahnhof, Fahrkarte 1,70 €). Die Busse verkehren zwischen 7 und 21.30 Uhr etwa einmal pro Stunde, am Wochenende seltener und nur bis ca. 19.30 Uhr.

› www.cfu-airport.gr/en (Unter „To & From the Airport", „By Public Bus" auswählen), Tel. 2661089600

Mit dem Schiff

Die Anreise mit dem Schiff kann von den **italienischen Häfen** Venedig, Triest, Ancona, Bari oder Brindisi erfolgen. Die **Fahrzeiten** sind lang (z. B. Ancona – Korfu: ca. 20 Std.), sodass dies für Kurzzeitreisende kaum eine Option ist. Preise, Fahrpläne und Buchungsmöglichkeiten bieten die Websites der einzelnen Reedereien Minoan Lines, Anek Lines, Superfast Ferries oder Ventouris Ferries. Oder man nutzt ein Buchungsportal wie z. B. www.fährenwelt.de.

◁ *Die Start- und Landebahn des Flughafens liegt inmitten der Chalikopoulos-Lagune*

◁◁ *Vorseite: Landeanflug eines Fliegers über dem Damm bei Pérama*

Autofahren

Auf Korfu gibt es nur wenige wirklich gut ausgebaute Straßen. Oft sind sie **schmal und kurvenreich,** daher ist umsichtiges Fahren angesagt. Nach Regenfällen sollte man besonders vorsichtig fahren, denn die Straßen verwandeln sich schnell in gefährliche Rutschbahnen. Anfangs wird einem der Verkehr, vor allem in Korfu-Stadt, etwas ungeordnet vorkommen, aber man gewöhnt sich daran.

Es empfiehlt sich, auf Inselfahrten mit allen Eventualitäten zu rechnen und sich in **Geduld** zu üben: plötzlich entgegenkommende Busse, auf der Fahrbahn dösende Hunde oder eine Viehherde, die die Strecke versperrt. Tiere haben immer Vorfahrt. Einheimische halten auch schon mal mitten auf der Fahrbahn an, um kurz im Krämerladen ein Päckchen Zigaretten o. Ä. zu holen. Dann gilt es, gelassen zu bleiben, der Fahrer kommt bestimmt gleich wieder.

Anbieter von **Mietwagen** finden sich in nahezu allen Touristenorten wie z. B. Acharávi ㉑ oder Moraḯtika und Messonghí ㊹. Für einen Kleinwagen muss man, abhängig von der Saison, **ca. 30–35 € pro Tag** investieren. Die Mietpreise für einen **Motorroller** (50 ccm) liegen bei ca. 18 € am Tag, für ein **Quad** (50 ccm) zahlt man ca. 30 € pro Tag. Mietwagen können entweder am Flughafen entgegengenommen oder zur Unterkunft gebracht werden.

Eine **Vollkaskoversicherung** sollte inklusive sein, aber auch dann ist häufig nicht alles versichert: Reifenschäden und Schäden am Unterboden sind meist nicht enthalten. Das **Mindestalter,** um ein Auto zu mieten, liegt oft bei 23, gelegentlich bei 21 Jahren.

Diese beiden zuverlässigen lokalen **Anbieter** sind empfehlenswert. Beide offerieren eine praktische und bequeme **Onlinebuchung** für Reisende und die Websites sind auch in einer deutschsprachigen Version verfügbar:

› **Drive Corfu:** www.drive-corfu.de (Wagen für Nord-Korfu)
› **South Corfu Cars:** www.south-corfu-cars.de (Wagen für Süd-Korfu)

Bei allen **Unfällen** ist aus versicherungstechnischen Gründen immer die **Polizei** (s. S. 128) zu verständigen. Wer mit dem Mietwagen einen Unfall hat, informiert zudem umgehend die Verleihfirma.

Wer mit **eigenem Auto** auf Korfu unterwegs ist, sollte Fahrzeugschein, Versicherungspapiere, Kfz-Steuerbescheid und TÜV-Nachweis parat haben.

Das **Tankstellennetz** auf der Insel ist gut ausgebaut. Alle Tankstellen führen bleifreies Benzin und Diesel. Die Preise variieren. Im Jahr 2018 lag der Preis pro Liter **bleifreies Benzin** (95 Oktan) bei etwa 1,65 €.

Wer sich nicht an die **Verkehrsregeln** hält, riskiert in Griechenland hohe Strafen. Die **Höchstgeschwindigkeit** beträgt in geschlossenen Ortschaften 50 km/h. Auf Landstraßen darf man nicht schneller als 90 km/h fahren. Ein Auszug aus dem **Bußgeldkatalog:**

› **Nicht angeschnallt oder ohne Helm** unterwegs: 350 €
› **Missachtung eines Stoppschilds:** 700 €
› **Unerlaubtes Überholen:** 700 €
› **Fahren unter Alkohol:** Bereits ab 0,25 Promille sind 200 € fällig. Wer mit mehr als 1,1 Promille unterwegs ist, riskiert eine Gefängnisstrafe und eine Strafzahlung von 2000 €.

Barrierefreies Reisen

Im Bereich des behindertengerechten Tourismus hat Griechenland noch **Nachholbedarf**. So haben etwa die öffentlichen Busse in der Regel keine Rampen für Rollstuhlfahrer. Auch das Angebot an barrierefreien Unterkünften auf Korfu ist sicherlich noch ausbaufähig, aber ein Anfang ist gemacht. Bei der Suche nach einer rollstuhlgerechten Unterkunft sollte aber in jedem Fall vorab eine kompetente **Beratung im Reisebüro** in Anspruch genommen werden. Viele Strände haben mittlerweile Einrichtungen wie Rampen ins Meer, Amphibienrollstühle oder Seatrac-Rampensysteme.

› Übersichtskarte barrierefreier Strände: http://corfu.de/strand.htm
› Informativer Bericht und Tipps zu rollstuhlgerechten Ausflugszielen: http://corfu.de/korfu-reisebericht-rollstuhl.htm
› Minibus mit Rollstuhllift: www.feelcorfu.com/special-taxi

Diplomatische Vertretungen

- **Deutsches Honorarkonsulat** <123> Kapodistriou 23, Korfu-Stadt, Eingang an der Rückseite des Restaurants Aegli, Tel. 2661036816
› **Österreichische Botschaft in Athen**, Vasilissis Sofias 4, www.bmeia.gv.at/botschaft/athen.html, Tel. 2107257270, das **Konsulat auf Korfu** ist derzeit geschlossen
- **Schweizerisches Honorarkonsulat** <132> Dimokratias 3, Korfu-Stadt, Tel. 2661056798, Notfallnummer für konsularische Fragen (Helpline EDA): Tel. +41 800 247365

Hygiene

In vielen **Toiletten** in Tavernen gibt es Hinweisschilder zum Umgang mit Toilettenpapier: „No paper in the toilet!" Auch wenn es bei benutztem Toilettenpapier etwas gewöhnungsbedürftig sein mag, sollte man das Papier unbedingt in dem dafür bereitgestellten Eimer entsorgen. Hintergrund sind die oft zu engen Abwasserrohre – eine Entsorgung des Papiers in der Toilette würde die Rohre verstopfen und zu einer Überschwemmung führen.

Viele Einheimische schwören auf die gute Qualität des **Leitungswassers** und nutzen es auch als **Trinkwasser**. Zum Zähneputzen und Kochen ist es auf jeden Fall unbedenklich, aber zum Trinken sollte man auf die überall im Handel erhältlichen Wasserflaschen zurückgreifen. Mittlerweile werden nicht mehr nur die umweltkritischen PET-Flaschen angeboten, sondern auch Glasflaschen.

Geldfragen

Die **Preise für eine Unterkunft** variieren stark. Die Kosten für ein Doppelzimmer in einer Pension beginnen in der Nebensaison (Mai, September, Oktober) bei ca. 30 €. Doppelzimmer im Hotel sind ab ca. 60 € zu haben. Je nach Ausstattung und Reisezeit sind nach oben hin keine Grenzen gesetzt.

Die **Lebensmittelpreise** im Supermarkt entsprechen in etwa denen in Deutschland, Milchprodukte sind teurer. Eine Fahrt mit dem **Linienbus** auf Korfu ist günstig und schlägt mit ca. 0,20 € je Kilometer zu Buche.

Die Eintrittspreise für **Museen** haben sich seit 2016 stark erhöht, liegen aber noch unter mitteleuropä-

Korfu preiswert

- ***Kultur „für lau":*** *In der Hochsaison bietet das Corfu Festival/Ionian Concerts (s. S. 99) in der Hauptstadt Kérkyra an vielen Abenden Konzerte und kulturelle Aufführungen an historischen Orten zu meist freiem Eintritt.*
- ***Inselspezialitäten gratis probieren:*** *Das Mavroudis Family Museum (s. S. 74) in Vraganiótika macht Gäste mit der Olivenölproduktion vertraut und lädt zur kostenlosen Verkostung ein. Eine kostenfreie Führung und Verkostung gibt es auch in der Brauerei Corfu Beer (s. S. 56) in Aríllas ㊷.*
- ***Kostenloses Badevergnügen:*** *Hinweisschilder mit „Free Pool" sind bei kleinen Hotels und Pensionen häufig zu finden. Man freut sich auch über Gäste, die nicht selbst dort nächtigen. Verköstigt man etwas, stehen Pool und Liegen kostenlos zur Verfügung.*
- ***Günstiges Kombiticket in Korfu-Stadt:*** *Das preiswerte Kombiticket ermöglicht je einen Besuch in der Alten Festung ①, in dem im Palast St. Michael und St. George ③ ansässigen Museum für Asiatische Kunst, im Byzantinischen Museum Antivouniótissa ⑪ und im Museum im Schloss Mon Repos ⑱. Das Kombiticket kostet 14 € (ermäßigt 7 € für Schüler, Studenten und Senioren) und ist insgesamt drei Tage gültig.*

ischem Niveau. Mit Kombitickets kann man sparen (s. „Korfu preiswert" oben). Am **Strand** sind für die Ausleihe von zwei Liegen mit Sonnenschirm 7–10 € einzuplanen.

Bankautomaten sind in den größeren Touristenorten, etwa Róda ⑳, Acharávi ㉑ sowie Moraítika und Messonghí (65) in ausreichender Zahl vorhanden. Dort kann man mit einer EC-/Maestro- oder Kreditkarte Geld vom heimischen Konto abheben.

Kreditkarten werden in Restaurants häufig akzeptiert, in kleineren Tavernen, Tankstellen und Geschäften sollte man jedoch sicherheitshalber vorher nachfragen, ob eine Zahlung mit Kreditkarte möglich ist. Häufig sind Aufkleber mit Logos der akzeptierten Kreditkarten im Eingangsbereich der Geschäfte angebracht.

Ist eine Geldkarte mit der Bezahlfunktion **VPAY** ausgestattet, kann man in Griechenland an fast allen Bankautomaten Geld ziehen und die Karte in den meisten Geschäften zum Bezahlen einsetzen.

Informationsquellen

Infostellen zu Hause

- **Griechische Zentrale für Fremdenverkehr,** Holzgraben 31, 60313 Frankfurt am Main, Tel. 069 2578270, www.visitgreece.gr

Infostellen auf der Insel

Eine **Touristeninformation** gibt es nur während der **Hauptsaison** in der **Ankunftshalle des Flughafens** (s. S. 120). Sie ist leicht zu finden, man sollte auf das Hinweisschild achten.

Unsere Literaturtipps

› Corporon, Yvette Manessis: **Das Flüstern der Zypressen**, Heyne, 2014. Der Roman spielt auf der Insel Erikoúsa und macht Lust, das kleine Eiland zu besuchen. Die Historie der Insel ist in eine in der Gegenwart spielende Handlung eingebettet. Dies ist zwar keine Hochliteratur, aber als Strandlektüre ist der Roman allemal geeignet.

› Durrell, Lawrence: **Schwarze Oliven. Korfu, Insel der Phäaken**, Rowohlt, 1968. Die Erzählungen des britischen Schriftstellers sind eine Liebeserklärung an Korfu. Er lebte Ende der 1930er-Jahre im White House im Kalámi ㉗. Pflichtlektüre für Korfu-Fans!

› Gregorovius, Ferdinand: **Korfu. Eine ionische Idylle**, elv, 2012. Der Autor (1821–1891) schrieb vor allem auf dem Gebiet der klassischen Reiseliteratur und widmete sich v. a. den Landschaften Korfus.

› Harris, Marie: **Chaos und andere Katastrophen**, R. G. Fischer Verlag, 2001. In ihrer Autobiografie beschreibt die Autorin die Umsiedlung nach Korfu auf humorvolle Art und Weise.

› Kapelousoum, Dimitra: **Die Tochter des Geigers**, Johannis, 2008. Die Autorin schildert anhand einer spannenden Erzählung die Situation auf Korfu Anfang des 20. Jh.

› Neuman, Ronnith: **Tod auf Korfu**, List, 2007. Strandlektüre für Krimifans mit Lokalkolorit.

› Schlumm, Hans-Bernhard u. Gaudeck, Hans-Jürgen: **Augenblicke auf Korfu**. Die Texte von Schlumm und die Aquarelle von Gaudeck paaren Informationen und Stimmungen in bester Manier.

› Siebert, Diana: **Aller Herren Außenposten. Korfu von 1797 bis 1944**, Eigenverlag, 2016. Das Buch der Historikerin ist das passende Nachschlagewerk für alle geschichtsinteressierten Korfu-Fans.

Korfu im Internet

› www.corfu.de: Internetauftritt der Autoren mit vielen Informationen und Tipps für den Urlaub auf Korfu
› http://forum.corfu.de: Das deutschsprachige Korfu-Forum für Austausch, Fragen und Antworten rund um die Insel. Die Autoren dieses Buches posten dort auch in regelmäßigen Abständen Neuigkeiten zu Korfu.
› http://radio-korfu.de: Auf dieser Website findet man interessante Berichte rund um alle Korfu-Themen, ergänzt durch aktuelle Veranstaltungshinweise.
› http://enimerosi.com/en: englischsprachige Onlineausgabe der Zeitung Enimerosi mit Lokalnachrichten und Veranstaltungshinweisen.
› www.altercorfu.com: englischsprachige Website, Schwerpunkt Nord-Korfu, u. a. mit Infos zu Alternativ- und Ökotourismus
› http://homepage.eircom.net/~corfuwildlife/index.html: englischsprachige Website zur Flora und Fauna der Insel mit schönen Bildern

Publikationen und Medien

› www.theagiot.com: Das englischsprachige Magazin erscheint monatlich mit Informationen zur Insel (Veranstaltungen, Reiseberichte, Bilder). Auf der Website stehen die Ausgaben als Newsletter zur Verfügung.

Internet

Kostenfreies WLAN ist in nahezu allen **Hotels und Pensionen** verfügbar. Auch fast alle Tavernen, Cafés und andere **Lokale** bieten einen kostenlosen Internetzugang, man achte auf die Schilder „free WiFi".

Das **Kennwort** gibt das Personal auf Nachfrage gern bekannt, sofern es nicht ohnehin schon per Aushang angegeben ist (oft ist es die Telefonnummer).

Medizinische Versorgung

Auf Korfu gibt es ein **staatliches Krankenhaus** und eine **Privatklinik**:
› Corfu General Hospital <124>
  Kontókali, Tel. 2661360400
■ Privatklinik Mastoras <125> an der Straße nach Paleokastrítsa, Korfu-Stadt, Tel. 2661022945, www.corfugeneralclinic.gr

Für die ambulante Versorgung findet sich in fast allen Touristenorten, z. B. Acharávi ㉑, Kassiópi ㉕ und Messonghí ㉕, eine **Arztpraxis** bzw. in der Saison ein eigens für die typischen Reisekrankheiten eingerichteter *Health Service*. Es ist durchaus üblich, dass man sich zunächst in die Praxis begibt und der Arzt erst von der Sprechstundenhilfe angerufen wird.

Behandlungen mit der **Europäischen Versicherungskarte** (EHIC), die auf der Rückseite der heimischen Chipkarte aufgedruckt ist, sind immer mit einigem bürokratischen Aufwand verbunden. Die Rechnung wird in bar bezahlt und bei der heimischen Kasse zur Erstattung eingereicht. Man sollte daher unbedingt darauf achten, sich alle Ausgaben quittieren zu lassen. Auf Nummer sicher geht man mit einer privat abgeschlossenen Auslandskrankenversicherung.

Eine **Liste deutsch- und englischsprachiger Ärzte** findet sich auf der Homepage der Autoren:
› http://corfu.de/korfu-arztliste.htm

Apotheken (φαρμακείο, *farmakío*) sind in Griechenland durch ein **grünes Kreuz** gekennzeichnet. Man findet sie in jedem größeren Ort auf Korfu. Die nächste **Notapotheke** außerhalb der Öffnungszeiten ist, wie bei uns, im Schaufenster ausgehängt bzw. unter **Tel. 107** zu erfragen.

Urlauber werden erfreut feststellen, dass **Medikamente** teilweise **günstiger** als in Deutschland sind. Wer auf ein bestimmtes Arzneimittel angewiesen ist, sollte dennoch einen entsprechenden Vorrat von zu Hause mitnehmen. Medikamente deutscher Hersteller sind nicht immer im Angebot.

Mit Kindern unterwegs

Die Griechen gelten als **kinderfreundliches Volk** und Familien mit Kindern sind überall gern gesehen. Wenn Sand und Meer zur Zerstreuung nicht mehr ausreichen, finden sich auf Korfu genügend Möglichkeiten, damit beim Nachwuchs keine Langeweile aufkommt.

Begibt man sich auf Entdeckungstour in **alten Gemäuern und Burgen**, ist allerdings Vorsicht angesagt, denn oft sind **gefährliche Stellen** nicht entsprechend gesichert. Auch die Spielgeräte auf den vielfach vorhandenen **Spielplätzen** entsprechen meist nicht den in Mitteleuropa gewohnten technischen Sicherheitsbestimmungen.

Mit Kindern unterwegs

Abwechslung in Korfu-Stadt

Für Erwachsene ist ein Besuch in Korfu-Stadt ein absolutes Muss – Kindern wird ein langer Spaziergang durch die Gassen der Altstadt aber schnell zu viel. Abwechslung zwischendurch bieten eine **Fahrt mit dem Schiff** zur vorgelagerten **Insel Vído** (s. S. 129), eine Rundfahrt mit der **Pferdekutsche** oder aber ein Ausflug mit dem elektrisch betriebenen **Minizug** (beides s. S. 130). **Flugzeugbegeisterten Kids** sei unbedingt ein Besuch in **Kanóni** ⓳ empfohlen, um die einschwebenden Flugzeuge aus nächster Nähe zu beobachten.

◿ *Kalamaki Beach [E1]:
ein Traumstrand für Kinder*

Kinderfreundliche Strände

Für Kleinkinder sind die **flach abfallenden Strände der Ostküste** gut geeignet. Ein Paradies für die Kleinen findet man auch im Norden zwischen den Orten Kassiópi ㉕ und Acharávi ㉑. Der **Kalamaki Beach** [E1] bietet einen sehr flachen Einstieg ins Meer und schöne Sandbänke, auf denen es sich wunderbar spielen und planschen lässt.

Spaßbad

Das **Aqualand** in der Nähe von Ágios Ioánnis ㊲ sorgt für abwechslungsreichen Badespaß. Wasserrutschen, diverse Becken und weitere Attraktionen warten auf die kleinen Gäste:

› **Aqualand – Corfu Theme Waterpark**
<126> Ágios Ioánnis, Stadtbus Nr. 8 von Korfu-Stadt, Tel. 2661058351, www.aqualand-corfu.com, geöffnet: Mai–Okt. tgl. 10–18 Uhr, Eintritt: Erw. 28 €, Kinder 5–12 Jahre 20 €, ab 15 Uhr ermäßigter Eintrittspreis

Mit Kindern unterwegs 127

Corfu Aquarium

Das Aquarium befindet sich in der Nähe vom Kloster Paleokastrítsa ④⑨. In den ersten beiden Räumen des kleinen Gebäudes lassen sich 20 Aquarien erkunden, in denen die **Unterwasserwelt Korfus** und heimische Fischarten präsentiert werden. Im dritten Raum sind **Reptilien** aus verschiedenen Herkunftsländern untergebracht. Das Highlight für Kinder dürfte der sich dort **frei bewegende Leguan** sein, der auch gestreichelt werden darf. Im Rahmen von **mehrsprachigen Führungen** (auch auf Deutsch) erfährt man allerhand Wissenswertes über die im Aquarium lebenden Tierarten.

› **Corfu Aquarium** <127> Paleokastrítsa, beim großen Parkplatz rechts von der Auffahrt zum Kloster, Tel. 2663041339, www.corfuseadiscovery.com, geöffnet: Mai–Okt. tgl. 10–19 Uhr, Eintritt: Erw. 6 €, Kinder 6–14 Jahre 4 €

Corfu Donkey Rescue

Das **Tierheim für Esel** wurde bereits im Jahr 2004 von der Engländerin Judy Quinn gegründet. Seit Beginn wurden mehr als 400 alte, kranke oder verletzte Esel aufgenommen.

Auf dem weitläufigen Gelände in der Nähe von Doukádes ⑤① gibt es einen großen Stall und weitere Unterstände – so können die Tiere wettergeschützt untergebracht werden. Um Betriebskosten und Futtermittel zahlen und medizinische Hilfe bereitstellen zu können, ist finanzielle Unterstützung notwendig. Die Mitarbeiter der Auffangstation freuen sich über jeden Besuch und geben gern Auskunft über die tägliche Arbeit und die Möglichkeiten, das **Projekt zu unterstützen**.

› **Corfu Donkey Rescue** <128> Anfahrt über die Hauptstraße von Korfu-Stadt Richtung Paleokastrítsa, ca. 2 km vor dem Abzweig nach Doukádes rechts abbiegen (Hinweisschild beachten), Tel. 6947375992, www.corfu-donkeys.com, Wegbeschreibung unter „Visit us", tgl. 10–17 Uhr, Eintritt frei (Spenden willkommen)

◿ *Die Esel von Corfu Donkey Rescue freuen sich über jede Unterstützung*

Notfälle

Notrufnummern

> Rettungsdienst, Feuerwehr, Polizei: Tel. 112
> Touristenpolizei: Tel. 171

Polizei

- Tourist Police Department <129>
  I. Andreadi/Ecke Miltiadou Margariti, Korfu-Stadt, Tel. 2661029169 und 2661029168

Kartensperrung

Bei **Verlust der Debit/Giro-, Kredit- oder SIM-Karte** gibt es für Kartensperrungen eine **deutsche Zentralnummer** (unbedingt vor der Reise klären, ob die eigene Bank diesem Notrufsystem angeschlossen ist). **Aber Achtung:** Mit der telefonischen Sperrung sind die Karten zwar für die Bezahlung/Geldabhebung mit der PIN gesperrt, nicht jedoch für das **Lastschriftverfahren mit Unterschrift**. Man sollte daher auf jeden Fall den Verlust zusätzlich **bei der Polizei zur Anzeige bringen**, um ggf. auftretende Ansprüche zurückweisen zu können.

In **Österreich** und der **Schweiz** gibt es keine zentrale Sperrnummer, daher sollten sich Besitzer von in diesen Ländern ausgestellten Debit-/Giro- oder Kreditkarten vor der Abreise bei ihrem Kreditinstitut über den zuständigen Sperrnotruf informieren.

Generell sollte man sich stets die **wichtigsten Daten** wie Kartennummer und Ausstellungsdatum **separat notieren**, da sie ev. abgefragt werden.

> Deutscher Sperrnotruf: Tel. +49 116116 oder Tel. +49 3040504050
> Weitere Infos: www.kartensicherheit.de, www.sperr-notruf.de

Infos für LGBT+

*Die Gesellschaft in Griechenland ist sehr stark vom **griechisch-orthodoxen Glauben** geprägt. Homosexualität wird von der Kirche abgelehnt und nur sehr wenige Griechen pflegen einen offenen Umgang damit. Entspricht die sexuelle Orientierung nicht der sozial vorgeschriebenen oder üblichen Norm, wird sie auch heute noch überwiegend **im Verborgenen** gelebt. Selbst **Alibi-Partnerschaften** stehen an der Tagesordnung, um nicht Gefahr zu laufen, von der Familie ausgestoßen zu werden. Offenheit und mehr Rechte für Schwule und Lesben sind in weiter Ferne, denn die Vorbehalte in der griechischen Gesellschaft sind noch viel zu groß.*

Öffnungszeiten

> **Geschäfte und Büros lokaler Reiseveranstalter:** meistens von 9 Uhr bis zum späten Abend
> **Post und Banken:** üblicherweise Mo.–Fr. 8–14 Uhr
> **Apotheken:** Mo.–Fr. 9–14 u. 18–21 Uhr
> **Museen:** Die Öffnungszeiten variieren je nach Saison. In der Hauptreisezeit von Mai bis Oktober sind die Museen am häufigsten und längsten geöffnet. In der Regel sind sie montags geschlossen. Spezifische Angaben stehen im ersten Teil des Buches („Korfu entdecken").

Post

In Korfu-Stadt und jedem größeren Ort findet sich ein **Postamt** (ταχυδρομείο, *tachidromío*), diese sind meist werktags von 8 bis 14 Uhr geöffnet. **Kioske** (s. S. 106), die Ansichtskarten verkaufen, haben häufig auch **Briefmarken** (γραμματόσημα, *grammatósima*) im Angebot. Das **Porto** für Postkarten beträgt 90 Cent. Wenn man Wert auf eine schnelle Beförderung legt, sollte man beachten, dass Briefe zumindest in der Hauptsaison wesentlich schneller befördert werden als Postkarten. Die **Briefkästen** sind gelb.

■ **Postamt Korfu-Stadt** <130> L. Alexandras 26, Tel. 2661025544, www.elta.gr (hier weitere Filialen recherchierbar)

Sicherheit

Die **Kriminalitätsrate** auf Korfu ist **sehr niedrig**. Wie überall in Touristenzentren sollten aber auch hier übliche Vorsichtsmaßnahmen gelten. Vor allem sollte man Wertsachen nicht offen liegen lassen. Bei Problemen wendet man sich an die **Touristenpolizei** (s. S. 128).

Sprache

Mit Händen und Füßen reden, Mimik und Gestik einsetzen – das alles kann hilfreich sein, um sich auf Korfu zu verständigen. Allerdings schadet es nicht, vor dem Urlaub einige Wörter **Griechisch** zu lernen. Jeder Versuch freut die Korfioten. In den Hotels wird vielfach auch **Deutsch** gesprochen. Klappt es mit der Verständigung nicht, sollte man es mit **Englisch** versuchen.

Neben der griechischen Schrift wird auf **Orts- und Hinweisschildern** meist zusätzlich die **lateinische Schrift** verwendet. Es hilft aber auf jeden Fall, sich die **griechischen Buchstaben** in der kleinen **Sprachhilfe** im Anhang dieses Bandes (s. S. 136) einzuprägen. Für alle, die sich eingehender mit der griechischen Sprache beschäftigen möchten, ist der „Kauderwelsch-Sprachführer" aus dem REISE-KNOW-HOW Verlag eine Empfehlung.

Touren

Ausflug zur Insel Vído [F5] mit der Fähre

Die Korfu-Stadt vorgelagerte Insel Vído erreicht man mit der **Personenfähre vom Alten Hafen** aus in ca. zehn Minuten. Bereits der Blick vom Meer auf die Altstadt ist den Ausflug wert. Einheimische nutzen das Angebot gerne, um am dortigen Strand zu baden, was trotz der Tatsache möglich ist, dass die Insel unter Naturschutz steht. Sie ist ein kleines Paradies für Flora und Fauna. Ein **Rundweg** führt von der Anlegestelle mit der Taverne um die Insel, wobei immer wieder schöne Ausblicke gewährt werden. Unterwegs entdeckt man ein **serbisches Soldatendenkmal**.

■ **Alter Hafen** <131> Zugang über die Uferstraße El. Venizelou
> **Abfahrten und Fahrpreis:** in der Saison ab 10 Uhr zu jeder vollen Stunde, zu jeder halben Stunde geht es von Vído zurück, 2,50 € pro Person für die Hin- und Rückfahrt, Ticketkauf direkt beim Boot

Mit dem Glasbodenboot nach Vído

Das Boot mit großen Panoramafenstern im Rumpf heißt **Kalypso Star** und verkehrt vom **Alten Hafen** aus. Bei der langsamen Fahrt um die Insel Vído lässt sich die **Unterwasserwelt beobachten**. Und damit es auch wirklich etwas zu sehen gibt, lockt ein Taucher die Fische mit Futter an. Beim Stopp vor der Insel Vído gibt es eine Show mit Seelöwen.

Wer die Unterwasserwelt lieber beim Schnorcheln erkunden und auf dressierte Seelöwen verzichten kann, dem sei die günstigere Fahrt mit der Fähre empfohlen (s. S. 129).
› **Abfahrten und Fahrpreis:** in der Saison täglich ab 11 Uhr alle 90 Minuten, Fahrtdauer: ca. 90 Min., Erw. 15 €, Kinder 8 €, Ticketkauf direkt beim Boot, Infos: https://sites.google.com/site/kalypsostar1

Rundfahrt mit der Pferdekutsche

Die bunt geschmückten Pferdekutschen gehören zum Stadtbild von Kérkyra. Eine halbstündige Rundfahrt um die Altstadt kostet ca. 40–50 €, wobei Handeln selbstverständlich erlaubt ist. Die Kutscher warten meist an der **Esplanáda** ❷ und am **Alten Hafen** auf Kundschaft.

Rundfahrt mit dem Minizug

Der elektrisch betriebene Miniaturzug mit Waggons startet an der **Esplanáda** zu einer Ausflugsfahrt entlang der **Garítsa-Bucht** bis nach **Paleópolis** ⓱.
› **Abfahrten und Fahrpreis:** tgl. 11–14 Uhr u. ab 17 Uhr zu jeder vollen Stunde, Fahrtdauer: ca. 40 Minuten, 4 € pro Person

Rundfahrt mit dem Hop-on-hop-off-Bus

Hop-on-hop-off-Busse verkehren vom Neuen Hafen über einen Halt bei der Alten Festung ❶ bis zum zweiten Halt in Kanóni ⓲. Die Erläuterungen zu den Sehenswürdigkeiten gibt es auch **auf Deutsch.**
› **Abfahrtszeiten und Fahrpreis:** Juni–Sept. 9–18 Uhr alle 15 Min., im Okt. bis 17 Uhr, März–Mai u. Nov. 9–17 Uhr alle 20 Min., sonst nur alle 60 Min., Erw. 19 €, erm. 10 € (den ganzen Tag gültig)
› **Infos und Buchung:** https://citysightseeing.com/de/44/korfu

Weitere Ausflüge

In jedem größeren Touristenort, z. B. in Acharávi ㉑ oder Kassiópi ㉕, findet sich ein Touristikbüro mit einem großen Angebot an geführten Touren. **Inselrundfahrten** zu den touristischen Highlights, geführte **Stadtbesichtigungen** oder **Bootsausflüge** zu den schönsten Stränden gehören dazu. Organisierten Unternehmungen sind kaum Grenzen gesetzt. Eine Empfehlung ist z. B. ein Tagesausflug zur **Insel Erikoúsa** (s. S. 52).

△ *Oben offen: der Hop-on-hop-off-Bus*

Telefonieren

Die **Netzverfügbarkeit** für **Handys** ist nahezu flächendeckend. Im **Norden der Insel** kann es vorkommen, dass sich das Handy bei einem **albanischen Provider** einwählt. Um nicht in eine teure **Kostenfalle** zu rutschen, sollten man dies mit den entsprechenden Einstellungen verhindern.

Seit Mitte 2017 gibt es in der EU keine Roaminggebühren mehr. Damit wird das Telefonieren und Surfen mit dem Handy im EU-Ausland so günstig wie zu Hause – es sei denn, man nutzt das Handy im Ausland über einen längeren Zeitraum hinweg, dann können je nach Anbieter Nutzungsobergrenzen gelten.

Nur sehr vereinzelt findet man noch **öffentliche Fernsprecher**, denn auch hier hat das Mobiltelefon vehement Einzug gehalten. Sollte man tatsächlich eine funktionierende Telefonzelle finden, gibt es in Märkten und Kiosken Telefonkarten zu kaufen.

Die **Ortsvorwahlen** sind nach Regionen eingeteilt:
› **Nordkorfu**: 26630
› **Mittelkorfu**: 26610
› **Südkorfu**: 26620

In diesem Buch sind alle Telefonnummern stets **ohne die griechische Ländervorwahl**, aber **mit der jeweiligen Regionalvorwahl** angegeben. **Handynummern** beginnen mit der 69.

Vorwahlen
› **Griechenland**: 0030
› **Deutschland**: 0049
› **Österreich**: 0043
› **Schweiz**: 0041

Uhrzeit

Auf Korfu gilt die **Osteuropäische Zeit (OEZ)**, d. h. es ist **ganzjährig eine Stunde später** als in Mitteleuropa. Dies gilt auch für die Sommerzeit.

Unterkunft

Geboten werden Unterkünfte für alle Urlaubsarten und jeden Geldbeutel: **Hotels** vom einfachen Familienbetrieb bis zur Luxusklasse, Villen mit Pool, **Pensionen**, **Ferienhäuser**, **Apartments** und sogar einige Campingplätze stehen zur Verfügung. Angaben zu den durchschnittlichen **Kosten** für eine Unterkunft: s. S. 122. **Hauptsaison** ist im Juli und August, die **Vor-** bzw. **Nebensaison** gilt im Mai, Juni, September und Oktober.

Wenngleich in den Reisebüros auch **Pauschalangebote** buchbar sind, ist Korfu beliebt bei **Individualtouristen**, denn in fast allen Regionen der Insel wird eine Vielzahl an **Ferienhäusern und -wohnungen** angeboten. Einige **Vermittlungsbüros** (s. S. 132) haben sich auf diese Klientel spezialisiert. Zum Teil gehören Arrangements mit Flügen und gegebenenfalls einem Mietwagen zum Service. Gelegentlich wird ein kostenfreier **Transfer** vom Flughafen zur Unterkunft angeboten.

Konkrete Tipps zu empfehlenswerten Unterkünften stehen beim jeweiligen Ort im ersten Teil des Buchs unter „Unterkünfte".

Seit 2018 erhebt Griechenland für Übernachtungen in touristischen Beherbergungsbetrieben eine **Übernachtungssteuer**. Diese ist vom Gast direkt vor Ort zu entrichten. Es fallen je nach Kategorie Beträge von 0,50 €

EXTRAINFO

Buchungsportale

Neben Buchungsportalen für **Hotels** (z. B. www.booking.com, www.hrs.de oder www.trivago.de) bzw. für **Hostels** (z. B. www.hostelworld.de oder www.hostelbookers.de) gibt es auch Anbieter, bei denen man **Privatunterkünfte** buchen kann. Portale wie www.airbnb.de, www.wimdu.de oder www.9flats.com vermitteln Wohnungen, Zimmer oder auch nur einen Schlafplatz auf einer Couch. Diese oft recht günstigen Übernachtungsmöglichkeiten sind nicht unumstritten, weil manchmal normale Wohnungen gewerblich missbraucht werden. Einige Behörden greifen deshalb regulierend ein.

(ein Stern oder Appartement) bis 4 € (5 Sterne) pro Nacht an.

Inselweite Unterkunftsvermittler

- **www.corfu24.de:** Mit der Erfahrung aus über 25 Jahren hält dieser Anbieter ein breites Angebot an individuellen Unterkünften bereit, beispielsweise in Ágios Geórgios Argirádon ⑦, Barbáti ③ und Vitaládes [G9]. Kurzfristige Sonderangebote werden auf der Website vorgestellt.
- **www.korfu-appartements.com:** Dieser Anbieter vermittelt Ferienwohnungen, Apartments und Studios u. a. in Aríllas ㊷, Afiónas ㊸ und Paleokastrítsa ㊽.
- **www.korfunet.de:** Bereits seit 1985 vermittelt der Korfu-Spezialist individuelle Unterkünfte (Ferienhäuser, Apartments, Pensionen, Studios etc.), zum Beispiel in Acharávi ㉑, Almirós [D1] und Ágios Geórgios Argirádon sowie Umgebung. Eine Mietwagenvermittlung ist ebenfalls Teil des Services.

Verhaltenstipps

- **Beschwerden:** Griechen sind Profis, was Improvisation angeht. Sollte man dennoch einmal Grund zur Beschwerde haben, so lautet die Devise: „immer mit der Ruhe". Ein freundlicher, sachlicher Ton bewirkt mehr als lautstarkes Poltern. Auf solches Benehmen reagieren die stolzen Korfioten höchstens mit Gleichgültigkeit.
- **Brandgefahr:** Die Trockenheit in den Sommermonaten sorgt dafür, dass schon die kleinste Unachtsamkeit zu Bränden führen kann. Zigaretten immer gut löschen, niemals Flaschen wegwerfen (die Sonnenstrahlen bündeln sich darin) und kein offenes Feuer am Strand!
- **Kleidung:** Nur mit Badehose oder Bikini bekleidet durch eine Ortschaft zu schlendern, gilt als Zeichen großer Geschmacklosigkeit. Leider scheint sich das in manchen Touristenorten heute eingebürgert zu haben. Beim Besuch von Kirchen und Klöstern sollte man in jedem Fall auf angemessene Kleidung achten, auch wenn die „Kleiderordnung" heute nicht mehr ganz so streng ausgelegt wird wie früher. Eine Grundregel sind bedeckte Knie und Schultern.
- **Körpersprache:** Griechen haben eine sehr aktive Körpersprache. Einige Gesten sollte man vermeiden, um niemanden ungewollt zu brüskieren: Es ist z. B. eine Beleidigung, einer Person die gehobenen Handflächen entgegenzustrecken. Wenn man mit Zeigefinger und Daumen einen Kreis bildet und die restlichen Finger abspreizt, bezeichnet man sein Gegenüber als Idioten oder Vergleichbares.
- **Liegestühle:** Als typisch deutsch wird die Unart betrachtet, einen Liegestuhl am frühen Morgen durch ein Handtuch zu reservieren. Sollte jemand tatsächlich mit dem Gedanken spielen, „seinen Liegestuhl" auf diese Weise zu markieren, so ist ihm der Spott der Griechen sicher!

› **Mittagsruhe:** Wie in südlichen Ländern üblich, wird auch auf Korfu Mittagsruhe gehalten (ca. 13–16/17 Uhr). Dies sollte man respektieren und in dieser Zeit nach Möglichkeit keine Privatpersonen besuchen oder durch Telefonanrufe stören.
› **Pünktlichkeit:** Man tut sich selbst einen Gefallen, wenn man im Griechenland-Urlaub die im Alltag gewohnte Betriebsamkeit und Pünktlichkeit ablegt. Die Uhren gehen hier anders. Griechen sind nicht unpünktlich, aber Pünktlichkeit wird hier anders definiert. Zu einer Verabredung geht man zum Beispiel nie genau zur angegebenen Uhrzeit – eine halbe Stunde später darf schon sein. Erscheint man hingegen auf die Minute genau zu einer Einladung, zeigt sich der griechische Gastgeber eher etwas erstaunt. Dem griechischen Zeitverständnis entspricht auch die Bedeutung des kleinen Wortes „ávrio" (wörtlich: „morgen"). Wartet man auf die Erledigung eines Auftrags (Handwerker, Bestellung o. Ä.) und bekommt ein „ávrio" zu hören, dann sollte man bedenken, dass „ávrio" ein ziemlich dehnbarer Begriff ist. Wenn also der Auftrag innerhalb der nächsten Tage erledigt wird, sollte man sich damit zufriedengeben und dem Thema ansonsten mit griechischer Gelassenheit begegnen.

Verkehrsmittel

Bus

Das vorrangige öffentliche Transportmittel auf Korfu ist der Bus. Wer die Insel auf eigene Faust erkunden möchte, hat mit dem **preiswerten Busnetz** viele Möglichkeiten. Es gibt zwei Arten von Bussen: Die **blau-weißen Stadtbusse** von Corfu City Bus verkehren innerhalb der Hauptstadt und verbinden diese mit nahegelegenen Vororten und Dörfern. Die **grünen Überlandbusse** der KTEL fahren auf der gesamten Insel, verkehren aber oft nur alle drei bis vier Stunden.

Überlandbusse mit der **Kennzeichnung A** (z.B. A3 Róda ⑳ – Acharávi ㉑) fahren in den **Norden** der Insel, Busse mit der **Kennzeichnung B** in den **Süden**. In der Hochsaison im Juli und August gibt es zusätzliche Verbindungen (**Kennzeichnung S**), die einige Touristenorte direkt verbinden (z.B. S5 Sidári ㊳ – Kassiópi ㉕).

Die **Fahrpreise** für die Stadtbusse liegen zwischen 1,20 und 1,70 € pro Fahrt. Tagestickets kosten 5 €. Die Preise für die Überlandbusse variieren ja nach Entfernung. So zahlt man etwa für die Strecke von Korfu-Stadt bis Acharávi 4 €. Fahrkarten kann man entweder am Busbahnhof oder direkt im Bus kaufen.

Nahezu alle Streckenverbindungen verlaufen über Korfu-Stadt und fast alle Linien enden oder beginnen dort. Bei längeren Strecken über die Insel ist deshalb **Umsteigen** nötig.

Oftmals stoppen die Busse auch **abseits der offiziellen Haltestellen**, um Fahrgäste aufzunehmen – vorausgesetzt, man macht durch **Handzeichen** auf sich aufmerksam. In der Hochsaison können die Busse zu bestimmten Tageszeiten leider völlig überfüllt sein. Dann sind die Fahrer manchmal sogar gezwungen, wartende Personen an den Haltestellen stehen zu lassen.

Die **Websites** der beiden Verkehrsunternehmen liefern Informationen zum Streckennetz, Fahrpläne und Ticketpreise:
› **Corfu City Bus:**
www.astikoktelkerkyras.gr
(auch auf Deutsch), Tel. 2661031595
› **Green Buses:** http://greenbuses.gr
(auf Englisch), Tel. 2661028900

Taxi

Die reichlich vorhandenen Taxis auf Korfu sind eine Alternative zum Bus, allerdings erhöhen sich die **Preise** zunehmend. Diese sind mit ca. 2 € je Kilometer relativ teuer. Die meisten Taxis verfügen über einen **Taxameter**. Ist dies nicht der Fall, wird mittels einer **Festpreistabelle** nach Entfernung abgerechnet. Man sollte auf jeden Fall vor der Fahrt nach dem Endpreis fragen. **Preisbeispiele** für Fahrten vom Flughafen und **Buchungsmöglichkeiten** gibt es z. B. hier:

› **Alfa Taxi Corfu:** www.alfataxicorfu.net, Tel. 2663032400
› **Corfu Taxi:** www.corfutaxi.gr, Tel. 2661033811

Wetter und Reisezeit

Die übliche **Reisesaison** dauert von Anfang Mai bis Mitte Oktober. Wer einen Badeurlaub auf Korfu verbringen möchte, findet von Juni bis Mitte September die besten Voraussetzungen. Im **Mai** kann das Meer noch recht kühl sein, aber dafür ist die Blütenpracht unbeschreiblich schön. Natur- und Wanderfreunden sei daher der Mai besonders ans Herz gelegt – zumal die Temperaturen höchstens auf 25 °C steigen. **Juli und August** mit Tagestemperaturen über 30 °C sind absolute **Bademonate**, in denen es auch viele Griechen vom Festland auf die Inseln zieht, um der größten Hitze in den Ballungsräumen zu entgehen. Viele Urlauber empfinden die **leichte Brise**, die am Meer stetig weht, als sehr angenehm. Wählt man den **September** mit Temperaturen um 27 °C, dann hat sich das Ionische Meer angenehm erwärmt – so lassen sich Strandtage und Inseltouren ideal kombinieren. Generell ist Korfu sehr trocken, im Mai und September kann es durchaus **Niederschläge** geben (ca. vier Regentage), die jedoch meist als kurze Schauer auftreten.

Ansonsten lohnt sich ein Besuch vor allem zum **orthodoxen Osterfest** (s. S. 100). Sehr reizvoll kann zudem eine Städtereise in die Inselhauptstadt in den **Wintermonaten** sein. Die meisten Hotels und Tavernen in Korfu-Stadt haben, im Gegensatz zu anderen Inselorten, ganzjährig geöffnet. Urlauber sind in den Wintermonaten selten anzutreffen. Man genießt einen Urlaub unter Einheimischen, begleitet von der Herzlichkeit der Korfioten und ganz ungestört vom Touristenrummel in den Sommermonaten.

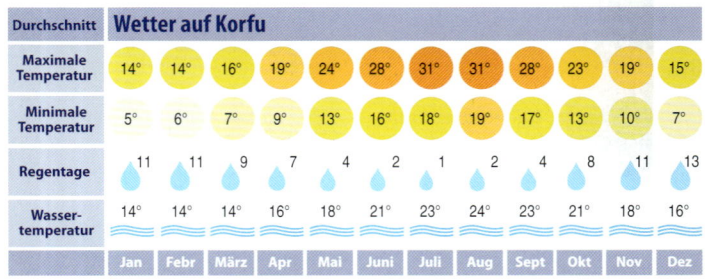

Durchschnitt	**Wetter auf Korfu**											
Maximale Temperatur	14°	14°	16°	19°	24°	28°	31°	31°	28°	23°	19°	15°
Minimale Temperatur	5°	6°	7°	9°	13°	16°	18°	19°	17°	13°	10°	7°
Regentage	11	11	9	7	4	2	1	2	4	8	11	13
Wassertemperatur	14°	14°	14°	16°	18°	21°	23°	24°	23°	21°	18°	16°
	Jan	Febr	März	Apr	Mai	Juni	Juli	Aug	Sept	Okt	Nov	Dez

▷ *Denkmal am Eingang zur Alten Festung* ❶: *Reichsgraf von der Schulenburg*

ANHANG

Kleine Sprachhilfe

Die folgende Sprachhilfe entstammt dem Kauderwelsch-Sprachführer **„Griechisch – Wort für Wort"** aus dem REISE KNOW-HOW Verlag.

Alphabet

In dieser Tabelle sind die griechischen Buchstaben (jeweils Groß- und Kleinbuchstabe) den Namen und den deutschen Buchstaben gegenübergestellt.

Α α	alpha	a
Β β	wita	v
Γ γ	gamma	g
	vor i und e:	j
Δ δ	delta	d
Ε ε	epsilon	e
Ζ ζ	zita	s
Η η	ita	i
Θ θ	thita	th
Ι ι	jota	i
Κ κ	kapa	k
Λ λ	lambda	l
Μ μ	mi	m
Ν ν	ni	n
Ξ ξ	xi	x
Ο ο	omikron	o
Π π	pi	p
Ρ ρ	ro	r
Σ σ, ς	sigma	ss
Τ τ	taf	t
Υ υ	ipsilon	i
Φ φ	fi	f
Χ χ	chi	ch
Ψ ψ	psi	ps
Ω ω	omega	o

Buchstabenverbindungen

ΑΙ	αι	e	
ΑΥ	αυ	av	vor Selbstlauten und stimmhaften Mitlauten
		af	vor stimmlosen Mitlauten
ΕΙ	ει	i	
ΕΥ	ευ	ev	vor Selbstlauten und stimmhaften Mitlauten
		ef	vor stimmlosen Mitlauten
ΟΙ	οι	i	
ΟΥ	ου	ou	langes „u"
ΓΓ	γγ	ng	kommt nur im Wortinneren vor
ΓΚ	γκ	g	am Wortanfang
		ng	im Wortinneren
ΓΧ	γχ	ngch	kommt nur im Wortinneren vor
ΜΠ	μπ	b	am Wortanfang
		mp	im Wortinneren
ΝΤ	ντ	d	am Wortanfang
		nt	im Wortinneren

Lautschrift

Hier sind diejenigen Lautschriftzeichen aufgeführt, deren Aussprache vom Deutschen abweicht.

- **ch** vor a, o, u raues „ch" wie in „Bach"; vor e, i weiches „ch" wie in „ich"
- **d** stimmhaftes „th" wie in engl. „these"
- **e** kurzes, offenes „e" wie in „Ecke"
- **g** vor a, o, u fast wie ein deutsches Zäpfchen-r
- **j** wie „j" in „Jäger"
- **o** kurzes, offenes „o" wie in „oft"
- **r** Zungen-r (gerollt)
- **s** stimmhaftes „s" wie in „reisen"
- **ss** stimmloses „s" wie „ß" in „reißen"
- **th** stimmloses „th" wie in engl. „thing"
- **v** „w" wie in „Witwe"

Besonderheiten

Fragen enden nicht mit „?", sondern mit „;".

Die wichtigsten Floskeln und Redewendungen

Ναι	Ne	Ja
Όχι	Óchi	Nein
Ευχαριστώ	Efcharistó	Danke
Παρακαλώ	Parakaló	Bitte (Antwort)

+++ Die wichtigsten Wörter mit dem Bonus-Audiotrack des Kauderwelsch-

Ευχαριστώ επίσης	Efcharistó epíssis.	Danke, gleichfalls.
Αντίο	Adío!	Auf Wiedersehen!
Γειά σου!	Jássu! (Du)	Hallo, Guten Tag, Tschüss!
Γειά σας!	Jássass! (Sie)	
Καλημέρα	Kaliméra	Guten Tag.
Χαίρετε	Chérete!	Auf Wiedersehen!
Καλώς ορίσατε!	Kalós oríssate!	Herzlich willkommen!
Τι κάνεις;	Ti kánis;	Wie geht es dir?
Τι κάνετε;	Ti kánete;	Wie geht es Ihnen?
Καλά ευχαριστώ	Kalá efcharistó.	Danke, gut.
Εντάξει	Endáxi.	In Ordnung, o. k.
Δεν ξέρω	Then xéro.	Ich weiß nicht.
Καλή όρεξη	Kalí órexi!	Guten Appetit!
Γεια μας!	Jámass!	Zum Wohl!/Prost!
Συγγνώμη	Ssignómi!	Entschuldigung!
Λυπάμαι πολύ	Lipáme polí.	Es tut mir sehr leid.

Die wichtigsten Fragewörter

τι;	tí;	was?, wie?
ποιος/ ποια/πιο;	pjos/ pja/pjo;	welche(s, -r)?
Ποιος ίνε αυτός;	Pjós íne aftós;	Wer ist das?
ποιανού;	pjanoú;	wessen?
πού;	poú;	wo?/wohin?
απο πού;	apo poú;	woher?
γιατί;	jatí;	warum?
πόσο;	pósso;	wie viel?
μακριά;	makriá;	wie weit?
πότε;	póte;	wann?

Die wichtigsten Richtungsangaben

αριστερά	aristerá	(nach) links
δεξιά	dexiá	rechts
κατ'ευθείαν	katefthían	geradeaus
πίσω	písso	zurück
απέναντι	apénanti	gegenüber
δίπλα	dípla	nebenan
μακριά	makriá	weit
κοντά	kondá	nah
εδώ	edó	hier
εκεί	ekí	dort
διασταύρωση	diastávrossi	Kreuzung
έξω από	éxo apó	außerhalb
την πόλη	tin póli	der Stadt
στο κέντρο	sto kéntro	im Zentrum

Die wichtigsten Zeitangaben

προχτές	prochtés	vorgestern
χθες	chthes	gestern
σήμερα	ssímera	heute
αύριο	ávrio	morgen
μεθαύριο	methávrio	übermorgen
το πρωί	to proí	morgens
το μεσημέρι	to messiméri	mittags
το βράδυ	to vrádi	abends
απόψε	apópse	heute Abend
καθημερινός	kathimerinós	täglich

Wochentage

Montag	Δευτέρα	Deftéra
Dienstag	Τρίτη	Tríti
Mittwoch	Τετάρτη	Tetárti
Donnerstag	Πέμπτη	Pémpti
Freitag	Παρασκευή	Paraskeví
Samstag	Σάββατο	Sávvato
Sonntag	Κυριακή	Kyriakí

Die wichtigsten Fragen und Bitten

Έχει ...;	Échi ...;	Gibt es ... ?
Έχετε ...;	Échete ...;	Haben Sie ... ?
Ψάχνω ...	Psáchno ...	Ich suche ...
Χρειάζομαι ...	Chriásome ...	Ich brauche ...

AusspracheTrainers auf PC oder Smartphone lernen (siehe Umschlag hinten) +++

Δώστε μου, παρακαλώ ...	Dóste mou, parakaló ...	Geben Sie mir bitte ...
Θα ήθελα ...	Tha íthela ...	Ich hätte gerne ...
Πόσο κάνει ...;	Pósso káni ...;	Wie viel kostet ... ?
Θέλω να πάω ...	Thélo na páo ...	Ich möchte nach ...
Πηγαίνετε με ... παρακαλώ	Pigénete me ... parakaló	Bringen Sie mich/mir bitte ... (zu.../nach ...)
Θέλω να τηλεφωνώ	Thélo na tilefonó	Ich möchte telefonieren.
Βοηθήστε με παρακαλώ!	Voïthíste me parakaló!	Helfen Sie mir bitte!

Im Restaurant

Wasser	νερό	neró
Wein	κρασί	krasí
Bier	μπύρα	býra
Limonade	λεμονάδα	lemonáda
Flasche	μπουκάλι	boukáli
Glas	ποτήρι	potíri
Brot	ψωμί	psomí
Salat	σαλάτα	saláta
Suppe	σούπα	soúpa
Fleisch	κρέας	kréas
Fisch	ψάρι	psári
Kartoffeln	πατάτες	patátes
Gemüse	λαχανικά	lachaniká
Käse	τυρί	tirí
Oliven	ελιές	eljés
Tomaten	ντομάτες	domátes
Auberginen	μελιτζάνες	melitzánes
Zucchini	κολοκυθάκια	kolokithákia
Ich möchte bitte zahlen.	Θέλω να πληρώσω παρακαλώ.	Thélo na pliróso parakaló.

Nicht verstanden? – Weiterlernen!

Μιλάω μόνο λίγο Ελληνικά	Miláo móno lígo Elliniká.	Ich spreche nur ein bisschen Griechisch.
Μήπως ξέρει κάποιος Αγγλικά;	Mípos xéri kápjos Angliká;	Spricht hier jemand Englisch?
Πώς λέγετε αυτό στα... ; Ελληνικά Γερμανικά	Pos léjete aftó sta ... ; Elliniká Jermaniká	Wie heißt das auf ... ? Griechisch Deutsch
Δεν κατάλαβα τίποτα	Den kátalava típota.	Ich habe nichts verstanden.
Ορίστε;	Oríste;	Wie bitte?
Επαναλάβετε το, παρακαλώ!	Epanalávete to, parakaló!	Wiederholen Sie das bitte!
Να μιλάτε αργά!	Na miláte argá!	Sprechen Sie langsam!

Register

A
Acharávi 36
Achilleion 69
Afiónas 55
Agía Varvára 85
Ágii Déka 73
Ágii Theódori 29
Agíon Michaíl ke Georgíou 18
Ágios Geórgios Argirádes 81
Ágios Geórgios Argirádon 81
Ágios Geórgios Pági 58
Ágios Geórgios Págon 58
Agios Georgios South 81
Ágios Górdis 76
Ágios Ioánnis 68
Ágios Jáson und Ágios Sossípatros (Kirche) 28
Ágios Matthéos 75
Ágios Simeón 94
Ágios Spirídon (Inselheiliger) 25
Ágios Spirídon (Kirche) 24
Ágios Spirídon (Ort) 40
Ágios Stéfanos Avliótes 54
Ágios Stéfanos Avliotón 54
Ágios Stéfanos Siniés 43
AgiotFest 99
Agní 45
Alikés (Salinen) 111
Almiros Beach 37
Alphabet 136
Alte Festung 16
Alte Philharmonie 22, 23
Alt-Perithia 47
Altstadtviertel 20
Análipsi 28
Andenken 106
Angelókastro 60
Áno Korakiána 64
Anreise 120
Antinióti-Lagune 40
Antivouniótissa 25
Apartments 131
Apotheken 125
Apps 144
Aqualand 126
Aquarium 127
Archäologisches Museum 27
Aríllas 55
Artemis-Tempel 29
Arzt 125
Askitarió (Kloster) 49
Astrakerí 49
Ausflüge 38, 50, 129
Ausritte 96
Autofahren 121
Avlaki Beach 43

B
Baden 88
Bankautomaten 123
Banknotenmuseum 23
Barbáti 45
Barrierefreiheit 122
Batania Beach 43
Behinderte 122
Benítses 72
Bettensteuer 131
Bioporos Organic Farm 82
Blaue Flagge 89
Bootfahren 91
Botschaft 122
Boúka 86
Boúkari 83
Brandgefahr 132
Briefmarken 129
Britischer Friedhof 27
British Cemetery 27
Burg Gardíki 74
Burgruine Angelókastro 60
Bus 133
Byzantinisches Museum Antivouniótissa 25

C
Café frappé 103
Cambiello 20
Camping 131
Canal d'Amour 52
Casa Parlante 21
Chalikounas Beach 82
Chinesische Dattel 110
Chlomós 83
Chórta 101
Contrafossa 16
Corfu Beer 56
Corfu Beer Festival 99
Corfu Donkey Rescue 127
Corfu Festival 99
Corfu Reading Society 24
Corfu Shell Museum 72

D
Dassiá 65
Dattel, chinesische 110
Debitkarte 123, 128
Deutsch 129
Diapontische Inseln 52
Dimarcheíon 19
Diplomatische Vertretungen 122
Dörpfeld, Wilhelm 29
Doukádes 63
Drástis (Kap) 53
Durrell, Lawrence und Gerald 44

E
Echsen 110
EC-Karte 123, 128
Einkaufen 106
Einwohnerzahl 11
Ekateríni (Kap) 93
Ekklisía Ágios Spirídon 24
Elisabeth, Kaiserin 29, 69
Engelsburg 60
Englisch 129
Erikoúsa 52
Érmones 80
Esel-Tierheim 127
Esplanáda 17
Essen 101
Evtramenoú-Kirche 48

F
Fährhafen Lefkími 86
Fahrpreise 133

Register

Fahrradverleih 95
Faliráki-Komplex 19
Fauna 110
Feiertage 100
Ferienhäuser 131
Ferienwohnungen 131
Fest der Blumen 99
Feste 98
Fisch 101
FKK 88
Flamingos 111
Flora 109
Flughafen 120
Folklore 98
Folklore-Museum (Sinarádes) 77
Frauenkloster Ágii Theódori 29
Frauenkloster bei Ágios Athanásios 58
Fremdenverkehrsamt 123
Fußgängerzone 20, 106

G
Gardénos Beach 85
Gardíki 74
Gastronomie 101
Geisterdorf 47
Geld 122
Georgakis, Kostas 22
Gerichte 101
Geschichte 115
Getränke 102
Gialiskari Beach 78
Gifttiere 112
Girocard 123
Glasbodenboot 129
Glifáda 79
Glifada Beach 78
Golfen 95
Gouviá 66
Gráva Gardikíou 74
Griechisch 129, 136
Gýros 49

H
Halbinsel Komméno 65
Handy 131
Hauptsaison 131
Hera-Tempel 30
Höchstgeschwindigkeit 121
Höhle bei Loútses 41
Honig 108
Hop-on-hop-off-Bus 130
Hotels 131
Hygiene 122

I
Informationsquellen 123
Infostellen 123
Inselheiliger 25
Inselsteckbrief 11
Internet 124, 125
Ioannis Kapodistrias 67
Ionian Bank 23
Ionian Concerts 99
Ipapantí-Kirche 65
Ipsos 64
Issos Beach 82

J
Juden 26
Jujube 110

K
Kafeníon 104
Kaiser's Bridge 71
Kaiser's Throne 77
Kalámi 44
Kaliviotis Beach 85
Kalypso Star 129
Kanóni 30
Kanoni Beach 43
Kanóni-Halbinsel 28
Kap Drástis 53
Kap Ekateríni 93
Kapelle Ágios Simeón 94
Kardaki-Tempel 30
Karneval 98
Karousádes 49
Kassiópi 41

Káto Korakiána 64
Kávos 81
Kérkyra 13
Kinder 125
Kioske 106
Kirche Ágios Jáson und Ágios Sossípatros 28
Kirche Ágios Spirídon 24
Kirche Evtramenoú 48
Kirche Ipapantí 65
Kirche Panagía Antivouniótissa 25
Kirche Panagía Kassopítra 42
Kirche Panagía Kremastí 21
Kirchweihfeste 98
Kitesurfen 90
Kloster Askitarió 49
Kloster Paleokastrítsa 62
Kloster Panagía Mirtiótissa 79
Kloster Pantokrátoras 73
Kloster Vlachérna 30
Kloster Ypsilos Pantokratoras 38
Komméno 65
Konsulate 122
Kontogialós 78
Kontókali 66
Korfu-Stadt 13
Korissíon 81
Kouloúra 44
Krankenhaus 125
Kräuter 108
Kreditkarte 123, 128
Kremasti-Platz 20
Kricketwiese 17
Kumquats 106
Kunstgalerie 19
Kunsthandwerk 106

L
Lagune Antinióti 40
Lagune Korissíon 81
Lakkies Beach 82
Lákones 60

Landgut Ambelonas 68
Lazaréto 67
Lefkími (Region) 81
Lefkími (Stadt) 86
Leitungswasser 122
Lesben 128
LGBT+ 128
Liapádes 63
Listón 17
Literaturtipps 124
Lokale 104, 105
Loútses (Höhle) 41

M
Maestro-Karte 123, 128
Maitlands Rotonda 18
Makrádes 59
Malibu Beach 82
Mantzaros, Nicolaos 23
Marathías 85
Mäuseinsel 30
Markt 34
Mavromatis 107
Mavroudis Family Museum 74
Medien 124
Medikamente 125
Medizinische Versorgung 125
Meeresfrüchte 101
Mésis 63
Messonghí 73
Michalas 108
Mietwagen 121
Militärdiktatur 118
Minizug 130
Mirtiótissa 79
Mirtiotissa Beach 78
Mitbringsel 106
Mon Repos 29
Moraḯtika 73
Motorboote 91
Motorroller 121
Mountainbiking 95
Mücken 114
Müll 114

Museum Casa Parlante 21
Museum für Asiatische Kunst 19
Museum Kapodístrias 67
Musikvereine (Philharmonien) 23

N
Nachtleben 34
Namensgebung 11
Natur 108
Néa Períthia 40
Néo Froúrio 27
Neue Festung 27
Nímfes 48
Nissáki 45
Notfälle 128
Nótos Beach 85
Notrufnummern 128
Nubulo 108

O
Odysseus 80
Öffnungszeiten 128
Old Perithia 47
Olivenhaine 108
Olivenholz 108
Olivenöl 107
Olivenseife 107
Orchideen 28, 110
Óros 35
Orthólithos 76
Ostern 100
Ouzerí 104
Oúzo 103

P
Palast St. Michael und St. George 18
Paleó Froúrio 16
Paleokastrítsa 61
Paleó Períthia 47
Paleópolis 28
Panagía Antivouniótissa 25
Panagía Kassopítra 42
Panagía Kremastí 21
Panagía Mirtiótissa 79

Panagía ton Vlachernón 30
Panigíria 98
Pantokrátor 38
Pantokratoras-Kloster 73
Papyrella 77
Paramónas 75
Parkplätze 32
Patounis (Seifenmanufaktur) 107
Pauschalangebote 131
Pélekas 77
Pensionen 131
Pérama 31
Períptero 106
Perivóli 85
Perouládes 54
Petrití 84
Pferdekutsche 130
Pflanzenwelt 109
Philharmonien 23
Philharmonisches Museum 22
Pipito Beach 43
Pirgí 64
Planespotting 31
Platía Dimarchiou 19
Platía Kremasti 20
Polizei 128
Pontikonísi 30
Pórto Timóni 57, 92
Post 128
Potámi 86
Prasoúdi 75
Preise 122
Privatklinik 125
Psistariá 104
Publikationen 124

R
Radfahren 95
Rathaus 19
Rathausplatz 19
Rauchen 105
Reisezeit 134
Reiten 96
Religion 11, 12

Register

Republik der
  Sieben Inseln 116
Restaurants 104, 105
Rettungsschwimmer 89
Róda 35
Rondell 18
Rópa 80
Rotonda, Maitlands 18
Rückreise 120
Rundfahrten 130

S
Salinen von Alikés 111
Santa Barbara Beach 85
Schattentheater 37
Scheria 80
Schiff (Anreise) 120
Schildkröten 28, 35, 111, 112
Schlangen 112
Schloss und Park Mon Repos 29
Schnorcheln 89
Schuldenkrise 118
Schulenburg, Reichsgraf von der 17
Schutzpatron 25
Schwimmbad 126
Schwule 128
Segeln 91
Shopping 106
Sicherheit 129
Sidári 51
Sinarádes 77
Sisi 29, 69
Sofríto 103
Solomos, Dionysios 26
Solomós-Museum 26
Souvenirs 106
Spartílas 46
Speisen 101
Sperrnotruf 128
Spezialitäten 101
Spianáda 17
Sprache 129
Sprachhilfe 136
Stadtbusse 133

Stand Up Paddling 90
Stechmücken 114
Strandbäder 31
Strände 88, 126
Strinílas 46
Surfen 90

T
Tagestour 38, 50
Tankstellen 121
Tauchen 89
Tavernen 104
Taxi 134
Telefonieren 131
Tempolimit 121
Termine 98
Theofánia 98
Tierwelt 110
Toiletten 122
Touren 129
Touristeninformation 123
Touristenpolizei 128
Trinken 102
Trinkgeld 105
Trinkwasser 122

U
Überlandbusse 133
Übernachtungssteuer 131
Uhrzeit 131
Umweltschutz 114
Unterkunft 131
Unterkunftsvermittler 132

V
Varkaróla 99
Vátos 80
Vegetarier 105
Venezianerherrschaft 13, 115
Veranstaltungskalender 98
Vereinigte Staaten der Ionischen Inseln 116
Verhaltenstipps 132
Verkehrsmittel 133
Verkehrsregeln 121

Verwaltung 11
Vído 129
Visa-Karte 123, 128
Vlachérna 30
Volkskundemuseum Acharávi 36
Vorwahlen 131
V PAY 123

W
Wandern 91
Wasser 102, 122
Wasserfall von Nímfes 48
Wasserqualität 89
Wassersport 89
Wassertemperatur 88
Wein 102
Weinanbau 109
Weinfestival 99
Wetter 134
White House 44
Wildgemüse 101
Wilhelm II., Kaiser 69, 78
Windsurfen 90
Wirtschaft 11
WLAN 125
Wochenmarkt 34

Y
Ypsilós Pantokrátoras 38

Z
Zeit 131
Ziziphus 110
Zwergorangen 106
Zwillingsbucht 57, 92

Schreiben Sie uns

Dieses Buch ist gespickt mit Adressen, Preisen, Tipps und Daten. Unsere Autoren recherchieren unentwegt und erstellen alle zwei Jahre eine komplette Aktualisierung, aber auf die Mithilfe von Reisenden können sie nicht verzichten. Darum: Teilen Sie uns bitte mit, was sich geändert hat oder was Sie neu entdeckt haben. Gut verwertbare Informationen belohnt der Verlag mit einem Sprachführer Ihrer Wahl aus der Reihe „Kauderwelsch".

Kommentare übermitteln Sie am einfachsten, indem Sie die Web-App zum Buch aufrufen (siehe Umschlag hinten) und die Kommentarfunktion bei den einzelnen auf der Karte angezeigten Örtlichkeiten oder den Link zu generellen Kommentaren nutzen. Wenn sich Ihre Informationen auf eine konkrete Stelle im Buch beziehen, würde die Seitenangabe uns die Arbeit sehr erleichtern. Unsere Kontaktdaten entnehmen Sie bitte dem Impressum.

◨ *Die schmackhaften Früchte der Ziziphus (s. S. 110) sind auf Korfu häufig zu finden. Greifen Sie zu!*

Impressum

Andreas, Julia und Annika Pech

InselTrip Korfu

© Reise Know-How Verlag
 Peter Rump GmbH 2017

2., neu bearbeitete
 und aktualisierte Auflage 2019

Alle Rechte vorbehalten.

ISBN 978-3-8317-3175-6

Druck und Bindung:
 Media-Print, Paderborn

Herausgeber: Klaus Werner, Ulrich Kögerler
Layout: amundo media GmbH (Umschlag, Inhalt), Peter Rump (Umschlag)
Lektorat: amundo media GmbH
Karten: Ingenieurbüro B. Spachmüller, amundo media GmbH
Anzeigenvertrieb: KV Kommunalverlag GmbH & Co. KG, Alte Landstraße 23, 85521 Ottobrunn, Tel. 089 928096-0, info@kommunal-verlag.de
Kontakt: Osnabrücker Str. 79, 33649 Bielefeld, info@reise-know-how.de

Alle Angaben in diesem Buch sind gewissenhaft geprüft. Preise, Öffnungszeiten usw. können sich jedoch schnell ändern. Für eventuelle Fehler übernehmen Verlag wie Autoren keine Haftung.

Bildnachweis

Umschlagvorderseite: Ferdinand Schwenkglenks | Umschlagklappe rechts: Thomas Seefried
Soweit ihre Namen nicht vollständig am Bild vermerkt sind, stehen die Kürzel an den Abbildungen für die folgenden Fotografen, Firmen und Einrichtungen. Andreas Pech: ap | Ferdinand Schwenkglenks: fs (www.facebook.de/Ferdigrafie) | Robert Porter Templeton: rt (www.simian-productions.com) | Thomas Seefried: ts (www.korfunet.de) | fotolia.com by adobe: fo

Korfu mit PC, Smartphone & Co.

QR-Code auf dem Umschlag scannen oder www.reise-know-how.de/inseltrip/korfu19 eingeben und die **kostenlose Web-App** aufrufen (Internetverbindung zur Nutzung nötig)!

★ **Anzeige der Lage und Satellitenansicht aller** beschriebenen Sehenswürdigkeiten und weiteren Orte
★ **Routenführung** vom aktuellen Standort zum gewünschten Ziel
★ **Exakter Verlauf** der empfohlenen Wanderungen
★ **Audiotrainer** der wichtigsten Wörter und Redewendungen
★ **Updates** nach Redaktionsschluss

GPS-Daten zum Download
Die GPS-Daten aller Ortsmarken und Wanderungen können hier geladen werden: www.reise-know-how.de, dann das Buch aufrufen und zur Rubrik „Datenservice" scrollen.

Inselplan für mobile Geräte
Um den Inselplan auf Smartphones und Tablets nutzen zu können, empfehlen wir die App „Avenza Maps" der Firma Avenza™. Der Inselplan wird aus dieser App heraus geladen und kann dann mit vielen Zusatzfunktionen genutzt werden.

Die Web-App und der Zugriff auf diese über QR-Codes sind eine freiwillige, kostenlose Zusatzleistung des Verlages. Der Verlag behält sich vor, die Bereitstellung des Angebotes und die Möglichkeit der Nutzung zeitlich und inhaltlich zu beschränken. Der Verlag übernimmt keine Garantie für das Funktionieren der Seiten und keine Haftung für Schäden, die aus dem Gebrauch der Seiten resultieren. Es besteht ferner kein Anspruch auf eine unbefristete Bereitstellung der Seiten.

Zeichenerklärung

⓴	Sehenswürdigkeit
[C2]	Verweis auf Planquadrat im Insel-Faltplan
❄	Aussichtspunkt
🏰	Burg, Festung, Burgruine
▲	Camping
▲	Erhebung
⛴	Fähre
✈ ◈	Flughafen
⛳	Golfplatz
⚓ ⚓	Hafen
∩	Höhle
⛪	Kirche, Kapelle
✚	Krankenhaus
🗼	Leuchtturm
🏛	Museum
★	Sehenswürdigkeit
●	Sonstiges
🏖	Strand, Strandbad
🟥	Unterkünfte
🟦	Essen und Trinken
🟩	Einkaufen/Sonstiges
🟧	Nachtleben

Bewertung der Attraktionen

★★★ nicht verpassen
★★ besonders sehenswert
★ wichtig für speziell interessierte Besucher